ALFONS SCHUHBECK & ANGELIKA SCHWALBER

ITALIENISCHE
LECKERBISSEN

herzhaft & süß

Inhalt

Picante e dolce vom
duo geniale

Wenn wir Bayern Hunger auf Italien haben, dann bleiben wir am besten gleich daheim. Weil die Italiener mit ihren Leckerbissen ja schon längst da sind bei uns. In ihren Bars, Pizzerien und Ristoranti servieren sie uns ja schon seit Jahrzehnten Cappuccino, Campari und Carpaccio. Kein Wunder, dass wir Bayern in der Zwischenzeit schon halbe Italiener geworden sind.

Um jetzt ganze Italiener aus Ihnen zu machen, auch daheim am Herd, haben die Angelika und ich, der Alfons, die besten italienischen Leckerbissen aufgespürt und zeigen in diesem Bücherl, wie man sie ganz einfach nachmachen kann. Wir waren für Sie in unzähligen Kleinigkeiten-Bars und natürlich auch in den italienischen Konditoreien, den Pasticcerien. Von Neapel bis Venedig und von Südtirol bis nach Sizilien haben wir festgestellt, dass zwei Herzen in der italienischen Brust schlagen: Ein herzhaftes und ein süßes. Die Italiener backen und kochen mit einer Leidenschaft, die schmeckt man einfach. Leidenschaft ist übrigens auch die wichtigste Zutat in der Küche. Denn nur, wenn man fürs Kochen und Backen brennt, dann bringt man die Gerichte so auf den Teller, dass sie nach Sonne und Süden schmecken – eben wie in Italien.

Unsere Rezepte sind einfach und charmant. Sie verführen wie ein italienischer Casanova. Feurig oder ganz süß, leidenschaftlich, aber auch zart schmeicheln unsere italienischen Leckerbissen Ihrer Zunge. Ob scharfe Penne arrabbiata oder süße Mandel-Pistazien-Küsse – unsere italienische Küche ist die zweitschönste Sache der Welt. Wir servieren Ihnen Leckerbissen für davor, zwischendrin und danach. Mal eine Vorspeise, mal was für den kleinen Hunger zwischendurch, mal eine Hauptspeise und mal ein Dessert.

Mediterran, sonnig und leicht – so lässt sich das Leben genießen. Dolce far niente, das süße Nichtstun, ist für die Italiener die höchste Stufe des Genusses, natürlich kombiniert mit dem ein oder anderen Leckerbissen. Insofern ähneln die Italiener dann doch auch den Bayern. Weil leben und leben lassen, das mögen und können wir Bayern auch ganz gut. Vivere e lasciar vivere! Und einen buon appetito wünschen

Ihre Angelika Schwalber und Ihr Alfons Schuhbeck

Aubergine

Steinpilz

Schinken

Wolfsbarsch

Pesto

Zucchini

Aceto balsamico

Parmesan

Peperoni

Knoblauch

Oliven

Miesmuscheln

Herzhaft

von Alfons Schuhbeck

Antipasti für Feinschmecker:

DORADE
auf marinierten Tomaten

**FÜR DIE DORADE AUF
MARINIERTEN TOMATEN:**
1 Zwiebel
3 angedrückte Wacholderbeeren,
3 Pimentkörner, ½ TL schwarze Pfefferkörner und je ¼ TL Koriander- und
Senfkörner sowie 1 kleine getr. rote
Chilischote für das Gewürzsäckchen
1 TL Puderzucker
375 ml Gemüsebrühe
1 Lorbeerblatt
50 ml Weißweinessig
Salz
ca. 1 TL Zucker
500 g Doradenfilets (mit Haut)
1 TL Öl
2 TL schwarze Pfefferkörner und
1 TL Fenchelsamen für die Gewürzmühle
2 große Tomaten
mildes Chilisalz
mildes Olivenöl zum Beträufeln
je 4 Dill- und Mini-Basilikumspitzen
zum Garnieren

1 Für die Dorade auf marinierten Tomaten die Zwiebel schälen und in sehr dünne Ringe schneiden. Die Wacholderbeeren mit den Piment-, Pfeffer-, Koriander- und Senfkörnern sowie der Chilischote in ein Gewürzsäckchen füllen.

2 Den Puderzucker in einem Topf bei milder Hitze hell karamelli-sieren und die Brühe dazugießen. Die Zwiebelringe mit dem Lor-beerblatt und dem Gewürzsäckchen hinzufügen, alles aufkochen und knapp unter dem Siedepunkt etwa 10 Minuten ziehen lassen. Dann den Essig hinzufügen und die Marinade mit Salz und Zucker abschmecken, heiß halten.

3 Die Fischfilets waschen und trocken tupfen. Eine große Pfanne bei mittlerer Temperatur erhitzen, das Öl mit einem Pinsel darin verstreichen und die Doradenfilets auf der Hautseite 2 bis 3 Minu-ten anbraten. Die heiße Marinade in eine Auflaufform füllen. Die Doradenfilets aus der Pfanne nehmen, mit der Hautseite nach oben in die Marinade legen und darin etwa 10 Minuten ziehen lassen.

4 Inzwischen die Pfefferkörner und Fenchelsamen in eine Ge-würzmühle füllen. Die Tomaten waschen und in dünne Scheiben schneiden, dabei die Stielansätze entfernen. Zum Servieren je 2 bis 3 Tomatenscheiben auf Tellern anrichten und mit Chilisalz und der Mischung aus der Gewürzmühle würzen. Die Zwiebelringe mit etwas Marinade daneben verteilen und die Doradenfilets darauflegen. Die Antipasti mit etwas Olivenöl beträufeln und mit Dillspitzen und Mini-Basilikum garnieren (im Bild rechts).

Antipasti für Feinschmecker:
POLPETTE
mit Fenchelsalat

**FÜR DIE POLPETTE
MIT FENCHELSALAT:**

80 g Tramezzini-Brot
(ersatzweise Toastbrot)
100 ml Milch
½ Zwiebel
1 Msp. fein geriebener Ingwer
2 fein geriebene Knoblauchzehen
2 Eier
2 TL scharfer Senf
Salz · Pfeffer aus der Mühle
mildes Chilisalz
frisch geriebene Muskatnuss
abgeriebene Schale von 1 unbehandelten Zitrone
je 250 g Kalbs- und Schweine-
hackfleisch
1 EL Petersilienblätter
(frisch geschnitten)
100 g Tramezzini-Brösel
(ersatzweise Weißbrotbrösel)
Öl zum Braten
2 Orangen
½ große Fenchelknolle
je 1–2 TL Pistazienkerne und grob
gehackte Walnusskerne
1 EL mildes Olivenöl
1 Spritzer Zitronensaft
Zucker
1–2 TL Granatapfelkerne

5 Für die Polpette mit Fenchelsalat das Tramezzini-Brot in Würfel schneiden und in einer Schüssel in der Milch einweichen. Die Zwiebel schälen, in sehr feine Würfel schneiden und in einer Pfanne mit 100 ml Wasser weich garen, bis die Flüssigkeit eingekocht ist. Anschließend Ingwer und Knoblauch hinzufügen.

6 Die Eier mit Senf, etwas Salz und Pfeffer, Chilisalz, 1 Prise Muskatnuss und Zitronenschale verquirlen. Beide Hackfleischsorten in einer Schüssel mit dem eingeweichten Brot, den verquirlten Eiern, der Zwiebelmischung und der Petersilie mischen.

7 Aus der Hackfleischmasse mit angefeuchteten Händen 24 kleine Bällchen formen und jeweils etwas flach drücken. Die Tramezzini-Brösel in einen tiefen Teller geben und die Polpette darin rundherum wenden. 1 TL Öl in einer Pfanne erhitzen und die Polpette darin bei mittlerer Hitze auf beiden Seiten goldbraun braten. Aus der Pfanne nehmen und auf Küchenpapier abtropfen lassen.

8 Für den Fenchelsalat die Orangen mit einem scharfen Messer so großzügig schälen, dass auch die weiße Haut mit entfernt wird. Die Filets zwischen den Trennhäuten herausschneiden und halbieren oder dritteln. Dabei den austretenden Saft auffangen und von den übrig gebliebenen Orangenhäuten den Saft auspressen.

9 Den Fenchel putzen, waschen und auf der Gemüsereibe in feine Scheiben hobeln, das Fenchelgrün klein schneiden. Fenchelscheiben und -grün mit Orangenfilets, Pistazien, Walnüssen und Olivenöl mischen und alles mit Orangen- und Zitronensaft, Chilisalz und 1 Prise Zucker würzen. Zuletzt die Granatapfelkerne unterheben. Den Fenchelsalat auf Teller verteilen und die Polpette darauflegen (im Bild auf S. 9 links).

Warme Antipasti:
GEFÜLLTE ZUCCHINI
GEFÜLLTE ARTISCHOCKEN

1 Für die gefüllten Zucchini die Zwiebel schälen, fein würfeln und in einer Pfanne in etwa 100 ml Wasser weich garen, bis die Flüssigkeit eingekocht ist. Vom Herd nehmen und abkühlen lassen.

2 Die rohen Salsicce häuten und das Brät mit Zwiebelwürfeln, Knoblauch, Ingwer, Zitronenschale und Petersilie mischen. Die Pfefferkörner und 1 TL Fenchelsamen in eine Gewürzmühle füllen. Die Salsicce-Masse mit Chilisalz, etwas Muskatnuss und der Mischung aus der Gewürzmühle würzen.

3 Die Zucchini putzen, waschen, jeweils quer in 6 etwa 6 cm lange Stücke schneiden und diese jeweils schräg halbieren. Die Zucchinistücke auf die gerade Schnittseite stellen und von oben großzügig aushöhlen. Die Zucchini mit der Salsicce-Masse füllen, dabei darf die Füllung die Aushöhlung deutlich überragen.

4 In einen Dämpftopf 2 bis 3 cm hoch Wasser füllen und salzen. Die Gewürze, die übrigen Fenchelsamen und den Thymian hinzufügen und den Dämpfeinsatz in den Topf setzen. Die gefüllten Zucchinistücke auf den Einsatz stellen und mit geschlossenem Deckel bei milder Hitze 10 bis 12 Minuten dämpfen. Herausnehmen und kurz abtropfen lassen. Zum Servieren in einer Pfanne im Öl auf der geraden Schnittseite hell anbraten. Auf einer Servierplatte anrichten, nach Belieben etwas Pesto darum herumträufeln und mit Kräuterblättern garnieren (im Bild auf S. 13 rechts oben).

5 Für die gefüllten Artischocken am Vortag die Böden der Artischocken flach schneiden und die Aushöhlung bei Bedarf noch etwas vertiefen. Die Artischockenabschnitte in ½ cm große Würfel schneiden und für den Paprikasalat zugedeckt kühl stellen. Die Brühe mit Lorbeerblatt, Wacholder und Pfefferkörnern in einem Topf erhitzen, vom Herd nehmen, 50 ml Essig hinzufügen und mit 1 TL Zucker und Salz kräftig abschmecken. Die Artischockenböden nebeneinander in eine Auflaufform legen, mit der Marinade übergießen und am besten über Nacht darin durchziehen lassen.

ZUTATEN FÜR JE 4 PERSONEN

FÜR DIE GEFÜLLTEN ZUCCHINI:
1 kleine Zwiebel
300 g pikante Salsicce
(ital. rohe Bratwürste)
1 fein geriebene Knoblauchzehe
½ TL fein geriebener Ingwer
½ TL abgeriebene unbehandelte
Zitronenschale
1–2 EL Petersilienblätter
(frisch geschnitten)
2 TL schwarze Pfefferkörner und
1½ TL Fenchelsamen für die Gewürzmühle
mildes Chilisalz
frisch geriebene Muskatnuss
je 1 gelbe und grüne Zucchini
(à ca. 300 g) · Salz
5 Pimentkörner
1 Knoblauchzehe (in Scheiben)
3 Scheiben Ingwer
2 Splitter Zimtrinde
2 Lorbeerblätter
2 kleine getr. rote Chilischoten
3 cm Vanilleschote
2 Zweige Thymian
½–1 TL Öl

FÜR DIE GEFÜLLTEN ARTISCHOCKEN:
4 große tiefgekühlte Artischockenböden (à 80–100 g, ersatzweise mehrere kleine Artischockenböden)
½ l Gemüsebrühe
1 Lorbeerblatt

Warme Antipasti:
GEFÜLLTE TOMATEN

5 angedrückte Wacholderbeeren
½ TL schwarze Pfefferkörner
60 ml Weißweinessig
Zucker · Salz
25 kleine Miesmuscheln
(ersatzweise 15 große Miesmuscheln)
½ rote Paprikaschote
1 Stange Staudensellerie
2 TL Kapern
2 EL mildes Olivenöl
mildes Chilisalz
2 TL Petersilienblätter
(frisch geschnitten)

FÜR DIE GEFÜLLTEN TOMATEN:
4 EL Ciabatta-Brot
(in ½ cm großen Würfeln)
50 g Babyspinat · Salz
50 g Taleggio (ital. Weichkäse)
50 g Ricotta
1 Ei
1 fein geriebene Knoblauchzehe
½ TL fein geriebener Ingwer
1 TL getr. ital. Kräuter (ersatzweise je
1 Prise getr. Bohnenkraut, Majoran,
Oregano, Thymian und Rosmarin)
mildes Chilisalz
1 Msp. abgeriebene unbehandelte
Zitronenschale
frisch geriebene Muskatnuss
4 mittelgroße Tomaten
(mit Stielansatz)
etwas Crema di Balsamico
zum Servieren

6 Am nächsten Tag die Muscheln unter fließendem kaltem Wasser gründlich säubern, geöffnete Muscheln aussortieren. In einem Topf ¼ l Wasser aufkochen, salzen und die Muscheln darin mit geschlossenem Deckel bei mittlerer Hitze aufkochen. Sobald sie sich nach einigen Minuten geöffnet haben, mit einem Schaumlöffel herausheben. Geschlossene Exemplare entfernen. Die Muscheln etwas abkühlen lassen, dann das Muschelfleisch auslösen.

7 Für den Paprikasalat die Paprikahälfte nochmals halbieren, entkernen, waschen und mit dem Sparschäler schälen. Die Viertel in ½ cm große Würfel schneiden. Sellerie putzen, waschen und in ½ cm große Würfel schneiden. Paprika, Sellerie, Artischockenwürfel und Kapern in einer Pfanne ohne Fett einige Minuten andünsten. Die Pfanne vom Herd nehmen, Olivenöl und restlichen Essig hinzufügen und alles mit Chilisalz und 1 Prise Zucker würzen. Zuletzt die Petersilie mit dem Muschelfleisch untermischen. Die Artischockenböden in der Marinade erwärmen, herausheben, kurz abtropfen lassen und auf einer vorgewärmten Platte anrichten. Den Paprikasalat in die Artischockenböden füllen und nach Belieben mit Petersilienblättern garnieren (im Bild links).

8 Für die gefüllten Tomaten die Ciabatta-Würfel in einer Pfanne ohne Fett hell rösten, vom Herd nehmen und etwas abkühlen lassen. Den Spinat verlesen, waschen und in kochendem Salzwasser 1 Minute blanchieren. In ein Sieb abgießen, kalt abschrecken und abtropfen lassen. Mit den Händen das übrige Wasser gut ausdrücken und den Spinat auflockern. Den Käse entrinden, klein würfeln und mit Spinat, Ricotta, Ei, Brot, Knoblauch, Ingwer und Kräutern mischen. Mit Chilisalz, Zitronenschale und etwas Muskatnuss würzen. Backofen auf 175 °C vorheizen. Die Tomaten waschen und an der Seite des Stielansatzes einen Deckel abschneiden, dabei den Stielansatz belassen. Die Kerne aus den Tomaten entfernen. Die Spinatmasse in die Tomaten füllen, die Deckel aufsetzen und die Tomaten so nebeneinander in eine Auflaufform setzen, dass sie sich gegenseitig stützen. Im Ofen auf der mittleren Schiene etwa 25 Minuten backen. Zum Servieren eine vorgewärmte Servierplatte mit etwas Crema di Balsamico beträufeln, die Tomaten aus dem Ofen nehmen und vorsichtig daraufsetzen (im Bild rechts unten).

RINDER-CARPACCIO
mit Gemüsetatar

FÜR DAS TATAR:
½ rote Paprikaschote
½ Karotte (ca. 50 g)
50 g Knollensellerie
75 g roher Artischockenboden
(1 Boden, frisch oder
tiefgekühlt und aufgetaut)
2 Frühlingszwiebeln
50 ml Gemüsebrühe
1 Scheibe Ingwer
½ Knoblauchzehe
50 g Frischkäse (Doppelrahmstufe)
2 TL gemischte Kräuterblätter
(z. B. Dill, Kerbel, Petersilie;
frisch geschnitten)
mildes Chilisalz
Pfeffer aus der Mühle

FÜR DAS CARPACCIO:
400 g Rinderfilet
Öl für die Folie
1–2 EL Zitronensaft
5 EL mildes Olivenöl
Salz · Pfeffer aus der Mühle

AUSSERDEM:
4 Wachteleier
4 EL Parmesanspäne
gemischte Kräuterblätter zum
Garnieren (z. B. Dill, Kerbel,
Mini-Basilikum)

1 Für das Gemüsetatar die Paprikaschote nochmals längs halbieren, entkernen, waschen und die Viertel mit dem Sparschäler schälen. Karotte und Sellerie putzen, schälen und mit Paprikaschote und Artischockenboden in 4 bis 5 mm große Würfel schneiden. Die Frühlingszwiebeln putzen, waschen, zuerst der Länge nach vierteln und dann die Streifen klein schneiden.

2 Die Paprika-, Karotten-, Sellerie- und Artischockenwürfel mit der Brühe in einen kleinen Topf geben und Ingwer und Knoblauch hinzufügen. Alles mit einem Blatt Backpapier bedecken und knapp unter dem Siedepunkt 8 bis 10 Minuten weich garen. Kurz vor Ende der Garzeit die Frühlingszwiebeln dazugeben. Das Gemüse in ein Sieb abgießen und abkühlen lassen, dabei Ingwer und Knoblauch wieder entfernen.

3 Das abgekühlte Gemüse mit dem Frischkäse verrühren, die Kräuter untermischen und alles mit Chilisalz und Pfeffer würzen.

4 Für das Carpaccio das Rinderfilet mit einem scharfen Messer zuerst in etwa 1 cm dicke Scheiben und diese dann in etwa 1½ cm große Quadrate schneiden. Die Filetscheiben mit ausreichend Abstand zueinander zwischen zwei Lagen geölter Frischhaltefolie mit der flachen Seite eines Fleischklopfers oder mit einem Plattiereisen gleichmäßig dünn klopfen.

5 Die Wachteleier in kochendem Wasser etwa 3 Minuten garen, kalt abschrecken, pellen und halbieren. Den Zitronensaft und das Olivenöl verrühren, vier Teller mit der Mischung bestreichen und mit Salz und Pfeffer bestreuen. Die Filetscheiben leicht überlappend auf den Tellern anrichten, mit der übrigen Olivenöl-Zitronensaft-Mischung bestreichen und nochmals mit Salz und Pfeffer würzen.

6 Zum Servieren das Gemüsetatar mithilfe eines Anrichteringes als kleines Törtchen jeweils in der Mitte des Carpaccios anrichten und mit je 1 halbierten Wachtelei, Parmesan und Kräutern garnieren.

VITELLO FORELLO
mit Thunfischsauce

---

1 Am Vortag für den Kalbsrücken den Backofen auf 100 °C vorheizen. Auf die mittlere Schiene ein Ofengitter und darunter ein Abtropfblech schieben. Eine Pfanne bei mittlerer Temperatur erhitzen und das Öl darin verstreichen. Den Kalbsrücken rundherum anbraten, auf das Ofengitter setzen und im Ofen etwa 1½ Stunden rosa garen. Herausnehmen und über Nacht durchkühlen lassen.

2 Am nächsten Tag für die Mousse die Brühe in einen Topf geben, Lorbeerblatt, Knoblauch und Ingwer hinzufügen und alles einmal aufkochen. Den Sud vom Herd nehmen, einige Minuten ziehen lassen und durch ein Sieb gießen. Die Gelatine in kaltem Wasser einweichen, ausdrücken und im warmen Sud auflösen. Dann den Sud auf Raumtemperatur abkühlen lassen. Bei Bedarf noch alle Gräten aus dem Forellenfilet entfernen, dann das Filet zerkleinern und mit dem abgekühlten Gewürzsud in einem hohen Rührbecher mit dem Stabmixer fein pürieren. Die Sahne halbsteif schlagen, unter das Forellenpüree heben und die Mousse mit 1 Prise Räucherpaprika, Chilisalz und Zitronensaft abschmecken. Die Mousse in eine Schüssel füllen und zugedeckt im Kühlschrank mindestens 2 Stunden kühlen lassen.

3 Den kalten Kalbsrücken auf einer Aufschnittmaschine in etwa 24 hauchdünne Scheiben schneiden und jeweils 3 Scheiben an der Längsseite leicht überlappend auf die Arbeitsfläche legen. Die Forellenmousse in einen Spritzbeutel ohne Tülle füllen und damit mittig quer über die 3 Fleischscheiben verteilen. Die Fleischscheiben jeweils um die Mousse zu Röllchen formen. Kühl stellen.

4 Für die Sauce Thunfisch in ein Sieb abgießen, abtropfen lassen. Das Eiweiß mit 1 Prise Salz in einem hohen Rührbecher mit dem Stabmixer schaumig rühren, weitermixen und dabei das Öl einlaufen lassen. Thunfisch, Senf, Zitronensaft, Kapern und Sardellen hinzufügen, mit Chilisalz, Pfeffer und 1 Prise Zucker würzen und alles sämig pürieren (falls die Sauce zu dünn ist, mehr Thunfisch untermixen). Zitronenschale hinzufügen, die Sauce nochmals abschmecken. Zum Servieren Salat verlesen, waschen und trocken schleudern. Jeweils etwas Thunfischsauce auf Teller setzen und die Röllchen darauflegen. Mit Salat, Kapern und Kräutern garnieren.

ZUTATEN FÜR 4 PERSONEN

FÜR DEN KALBSRÜCKEN:
½ TL Öl
500 g Kalbsrücken (küchenfertig)
Salz · Pfeffer aus der Mühle

FÜR DIE MOUSSE:
150 ml Gemüsebrühe
1 kleines Lorbeerblatt
2 Scheiben Ingwer
1 Knoblauchzehe (in Scheiben)
1½ Blatt Gelatine
½ Räucherforellenfilet · 100 g Sahne
Räucherpaprika
(Pimentón de la Vera picante)
mildes Chilisalz
1 Spritzer Zitronensaft

FÜR DIE SAUCE:
100 g Thunfisch (aus der Dose)
1 Eiweiß · Salz
4 EL neutrales Öl
2 Msp. scharfer Senf
1 Spritzer Zitronensaft · 2 TL Kapern
4 eingelegte Sardellenfilets
mildes Chilisalz · Pfeffer aus der Mühle
Zucker
¼ TL abgeriebene unbehandelte
Zitronenschale

AUSSERDEM:
1 Handvoll kleine Salatblätter
(z. B. Feldsalat, Rucola, Spitzen von
Radicchio trevisano, Castel franco,
Mini-Mangold und -Spinat)
4 Kapernäpfel · einige Kräuterblätter

HERZHAFTE TRAMEZZINI
mit Tomate-Mozzarella und Thunfisch-Lachs

ZUTATEN FÜR JE 8 TRAMEZZINI

FÜR DIE TOMATEN-MOZZARELLA-TRAMEZZINI:
je 1 TL angedrückte Kardamomkapseln,
Fenchelsamen und Korianderkörner,
½ TL Zimtrindensplitter sowie 1 EL
Pyramidensalz (ersatzweise grobes
Meersalz) für die Gewürzmühle
250 g Frischkäse (Doppelrahmstufe)
1 EL Basilikumblätter
(frisch geschnitten)
1 EL mildes Olivenöl · mildes Chilisalz
2 Scheiben Tramezzini-Brot
(ca. 12 x 24 cm)
80 g Mangofruchtfleisch · ½ TL Öl
je 6 Scheiben Pancetta, Mozzarella
und Tomate

FÜR DIE THUNFISCH-LACHS-TRAMEZZINI:
250 g Frischkäse (Doppelrahmstufe)
abgeriebene Schale von 2 unbehandelten Limetten
mildes Chilisalz
50 g tiefgekühlte Erbsen (aufgetaut)
Salz · 1 hart gekochtes Ei
50 g Galia-Melone
1 Schalotte
1–2 TL eingelegter Ingwer
(aus dem Glas)
100 g Thunfischfilet · 100 g Lachsfilet
1 Spritzer Limettensaft
2 TL kleine Kapern
1 EL Dillspitzen (frisch geschnitten)
2 Scheiben Tramezzini-Brot
(ca. 12 x 24 cm)

1 Für die Tomaten-Mozzarella-Tramezzini Kardamom, Fenchel, Koriander, Zimt und Salz in eine Gewürzmühle füllen. Den Frisch-käse mit Basilikum und Olivenöl glatt rühren und mit Chilisalz würzen. 1 Tramezzini-Brotscheibe gleichmäßig mit der Creme be-streichen. Das Mangofruchtfleisch schälen, in Scheiben schneiden, die bestrichene Tramezzini-Scheibe damit belegen und mit der Mischung aus der Gewürzmühle würzen.

2 Eine Pfanne bei mittlerer Temperatur erhitzen, das Öl mit einem Pinsel darin verstreichen und die Pancetta-Scheiben auf beiden Seiten knusprig braten. Herausnehmen, auf Küchenpapier abtropfen lassen. Pancetta auf die Mangoscheiben legen, zuerst die Mozzarellascheiben, dann die Tomatenscheiben daraufsetzen. Nochmals mit der Mischung aus der Gewürzmühle würzen.

3 Die zweite Tramezzini-Brotscheibe in einer großen Grillpfanne ohne Fett auf beiden Seiten anrösten. Auf die Tomaten legen und etwas andrücken. Die Tramezzini in schmale Streifen schneiden und sofort servieren (im Bild oben).

4 Für die Thunfisch-Lachs-Tramezzini den Frischkäse mit der Hälfte der Limettenschale glatt rühren und mit Chilisalz würzen. Die Erbsen etwa 1 Minute in kochendem Salzwasser blanchieren, in ein Sieb abgießen, kalt abschrecken und abtropfen lassen. Das Ei pellen und nicht zu fein hacken. Die Melone schälen und in kleine Würfel schneiden. Die Schalotte schälen und in feine Würfel schneiden. Den Ingwer abtropfen lassen und klein hacken.

5 Thunfisch und Lachs waschen, trocken tupfen und in sehr kleine Würfel schneiden. Fischtatar mit übriger Limettenschale, Limet-tensaft, Kapern, Erbsen, Ei, Melone, Schalotte, Ingwer und Dill mischen und alles mit Chilisalz würzen. Den Limettenfrischkäse auf 1 Tramezzini-Scheibe streichen und die Thunfischmasse mittig als Strang darauf verteilen. Mit der zweiten Tramezzini-Scheibe bele-gen und diese an den Rändern etwas andrücken (die Brotscheiben sollten die Füllung wie eine Art Tunnel umhüllen). Die Tramezzini in schmale Streifen schneiden und sofort servieren (im Bild unten).

Sie sind die sanftesten Gaumenschmeichler, die es in ganz Italien gibt. Weißbrotscheiben gefüllt mit dem Besten, was das Land zu bieten hat, zart und cremig. Tramezzini gibt es in allen Variationen, in Italien werden sogar Meisterschaften ausgetragen, wer die besten Zubereitungsideen hat. Manche der Gewinner nennen sich dann sogar „Re del Tramezzino", König der Tramezzini, wie zum Beispiel Elio in Venedig, der früher direkt am Fischmarkt seine Kreationen verkaufte und mittlerweile im Stadtviertel Castello

Tramezzini

(Hausnummer 5354) zu finden ist. Kombiniert wird alles, was geschmacklich harmoniert. Ricotta und Radicchio, Thunfisch und Ei, Gorgonzola und Spanferkel. Die Tramezzino-Künstler nehmen weißen oder braunen Toast, mal schmecken sie sauer, mal pikant und das wahre Geheimnis ist die selbst gemachte Mayonnaise. Tramezzini sind jedenfalls die perfekte Brotzeit als ein Zwischendrin (tramezzo heißt mittendrin) für zwischendurch.

Echte Italo-Amerikaner

Im Gegensatz zu vielen anderen Spezialitäten, deren Herkunft mindestens von zwei bis drei italienischen Regionen eifersüchtig beansprucht wird, gibt es bei den Tramezzini offensichtlich keine zwei Meinungen. Erfunden wurde diese italienische Form des angelsächsischen Sandwiches im Jahr 1926 und zwar von der Familie Nebiolo in Turin. Angela und ihr Mann Onorino kehrten gerade heimwehgeplagt aus der Neuen Welt zurück. Arrivederci Detroit, boun giorno Torino! Die Nebiolos hatten genügend Erspartes, um das traditionsreiche Caffè Mulassano zu kaufen. Eigentlich wollten sie eine getoastete Sandwich-Variante anbieten, aber damit war Onorino nicht zufrieden und bot seine Tramezzini ungetoastet an. In Windeseile sprach sich die Spezialität vor allem in den nahe gelegenen Nähereien in der Via Roma und Via Po herum und wurde dort zu einem beliebten Mittagssnack. Bis zu 30 verschiedene Sorten, darunter sogar mit Hummer oder Trüffel, werden auch heute noch im mit Gold und Marmor reichlich gesegneten historischen Caffè Mulassano (Piazza Castello 15) angeboten.

Wer zahlt, entscheidet das Glücksrad

Die Ausstattung des Caffè Mulassano ist reich an verrückten Details. So wird das Trinkwasser von einem marmornen antiken Steingerät noch einmal gefiltert, bevor es serviert wird. Ob das Etablissement auch auf hat, sieht man schon von weitem und von außen an einer Oberlichte, hinter der während der Öffnungszeiten eine Lampe brennt. Aber noch kurioser ist eine Uhr hinter dem Tresen, die aus acht Ziffern und einem einzigen Zeiger besteht. Gäste können sie mit einem Knopf bedienen wie ein Glücksrad. Wer die höchste Zahl erreicht, zahlt die Zeche.

Bicerin – die süsse Turiner Versuchung

Und noch etwas gibt es in Turin, was es nur in Turin gibt: Ein Getränk namens Bicerin, das Wort hat piemontesischen Ursprung, bedeutet so viel wie Gläschen und wurde in dem gleichnamigen Turiner Caffè erfunden. Wenn man sich ein Bicerin selbst machen will, es geht ganz einfach: Für eine Portion 150 ml Milch erhitzen, 50 g Zartbitterschokolade fein hacken und unter Rühren in der Milch schmelzen lassen. Espresso kochen, 50 g Sahne halbsteif schlagen. Dann füllt man 1 Tasse Espresso in ein Glas, darauf kommt die heiße Schokolade und garniert wird das ganze mit der Sahne.

SALSICCE-PFLANZERL
mit italienischem Kartoffelsalat

ZUTATEN FÜR 4–6 PERSONEN

FÜR DIE PFLANZERL:

100 g Lardo (ital. weißer Speck)
500 g Schweinehals (oder -schulter)
1 TL mildes Chilisalz · 1 kleine Zwiebel
80 g Toastbrot · 100 ml Milch
2 Eier · 2 TL scharfer Senf
Salz · Pfeffer aus der Mühle
1 TL Räucherpaprika
(Pimentón de la Vera picante)
1 geh. TL grob gemahlener Fenchel
aus der Mühle
frisch geriebene Muskatnuss
1 geh. TL getr. ital. Kräuter
(ersatzweise je 1 Prise getr. Bohnenkraut, Majoran, Oregano, Thymian
und Rosmarin)
abgeriebene Schale von ½ unbehandelten Zitrone
2–3 fein geriebene Knoblauchzehen
1–2 EL Petersilienblätter
(frisch geschnitten)
1 EL Öl zum Braten

FÜR DEN KARTOFFELSALAT:

1 kg festkochende Kartoffeln · Salz
1 kleine Zwiebel
350 ml Gemüsebrühe
3 EL Balsamico bianco
1–2 TL scharfer Senf · mildes Chilisalz
Zucker · Pfeffer aus der Mühle
3 EL mildes Olivenöl
2 Handvoll Rucolablätter
100 g getrocknete Tomaten (in Öl)
2 EL Basilikumblätter
(grob geschnitten)

1 Für die Pflanzerl die Schwarte vom Lardo entfernen. Fleisch und Lardo in etwa 2 cm große Würfel schneiden, mit Chilisalz würzen und in einer flachen Schale verteilen. Im Tiefkühlfach 20 bis 30 Minuten gefrieren lassen. Den Fleischwolfaufsatz mit einer mittelgroßen Lochscheibe ebenfalls in das Tiefkühlfach legen.

2 Für den Kartoffelsalat die Kartoffeln waschen und mit Schale in Salzwasser weich garen. Abgießen, kurz ausdampfen lassen, noch heiß pellen, in dünne Scheiben schneiden und weiter verarbeiten.

3 Inzwischen für die Pflanzerl die Zwiebel schälen, fein würfeln und in einer Pfanne mit 100 ml Wasser weich garen, bis die Flüssigkeit eingekocht ist. Dann abkühlen lassen. Das Toastbrot in Würfel schneiden und in einer Schüssel in der Milch einweichen. Die Eier mit Senf, etwas Salz und Pfeffer, Räucherpaprika, Fenchel, 1 Prise Muskatnuss, Kräutern, Zitronenschale und Knoblauch verquirlen. Die gekühlten Fleisch- und Lardowürfel durch den Fleischwolf drehen. Mit Zwiebeln, eingeweichtem Toastbrot, verquirlten Eiern und Petersilie mischen. Aus der Masse mit angefeuchteten Händen 1 Probepflanzerl formen und braten. Bei Bedarf die Masse nachwürzen. Dann etwa 20 weitere Pflanzerl formen. Eine große Pfanne bei mittlerer Temperatur erhitzen, jeweils 1 TL Öl darin verstreichen und die Pflanzerl nach und nach auf beiden Seiten einige Minuten braten. Herausnehmen und auf Küchenpapier abtropfen lassen.

4 Für das Dressing die Zwiebel schälen, fein würfeln und in einer Pfanne mit 100 ml Wasser weich garen, bis die Flüssigkeit eingekocht ist. Brühe erhitzen, mit Essig, Senf, Chilisalz, 1 Prise Zucker und Pfeffer verrühren und 1 Handvoll Kartoffeln mit dem Stabmixer unterrühren. Dressing nach und nach unter die Kartoffeln mischen, bis die Flüssigkeit vollständig gebunden ist. Zuletzt Zwiebeln und Olivenöl unterrühren. Nach Belieben 1 bis 2 EL Kapern dazugeben.

5 Den Rucola verlesen, waschen, trocken schleudern, grobe Stiele entfernen. Tomaten abtropfen lassen, in Streifen schneiden und mit Basilikum und Rucola unter den Salat heben. Einige Minuten ziehen lassen, nochmals abschmecken. Den Kartoffelsalat auf vorgewärmte Teller verteilen und die Salsicce-Pflanzerl danebensetzen.

PIZZA
bianca o rossa

---

1 Für den Hefeteig die Hefe in 125 ml lauwarmem Wasser auflösen. Mit Mehl, Salz und Olivenöl in einer Schüssel zu einem glatten Teig verkneten. Den Teig in 8 Portionen à etwa 50 g teilen, diese nebeneinander auf ein leicht bemehltes Backblech setzen und zugedeckt an einem warmen Ort 30 Minuten gehen lassen. (Alternativ den Teig im Ganzen gehen lassen und 1 große Blechpizza backen.)

2 Für eine Pizza rossa inzwischen für die Tomatensauce die passierten Tomaten mit Knoblauch, Ingwer und Kräutern in einem kleinen Topf erhitzen, mit Chilisalz und 1 Prise Zucker würzen und offen knapp unter dem Siedepunkt einige Minuten ziehen lassen.

3 Für eine Pizza bianca inzwischen die Pinienkerne in einer beschichteten Pfanne ohne Fett leicht rösten, herausnehmen und abkühlen lassen. Rucola verlesen, waschen, trocken schleudern und grobe Stiele entfernen, die Blätter in etwa 1 cm breite Stücke schneiden. Die Schinkenscheiben halbieren. Artischocken abtropfen lassen und in Spalten schneiden. Pilze putzen und trocken abreiben, dabei Pfifferlinge, falls nötig, waschen und trocken tupfen. Steinpilze in schmale Spalten schneiden. Eine Pfanne bei mittlerer Temperatur erhitzen, das Öl mit einem Pinsel darin verstreichen und die Pilze 2 bis 3 Minuten anbraten. Mit Chilisalz würzen.

4 Den Backofen auf 250 °C vorheizen. Zwei Backbleche mit Öl einfetten. Die Teiglinge auf der leicht bemehlten Arbeitsfläche zu Kreisen von etwa 10 cm Durchmesser ausrollen und nebeneinander auf die Bleche legen. Für eine Pizza bianca den Käse, für eine Pizza rossa die Tomatensauce gleichmäßig darauf verteilen, dabei etwa 1 cm Rand frei lassen. Die Pizzen nacheinander im Ofen auf der unteren Schiene etwa 15 Minuten goldbraun backen. Herausnehmen und sofort belegen.

5 Für die Pizza bianca den Rucola mit Olivenöl, Essig, Chilisalz und Zucker marinieren und mittig auf den Pizzen verteilen, darauf je 2 halbe Schinkenscheiben mit Artischocken und Pilzen anrichten und mit Pinienkernen bestreuen. Für die Pizza rossa die Tomaten waschen, halbieren und mit Olivenöl, Essig, Chilisalz und 1 Prise Zucker marinieren. Mit Mini-Mozzarella, Oliven und Basilikum auf den Pizzen anrichten. Zuletzt Pfeffer darübermahlen.

ZUTATEN FÜR JE 8 MINI-PIZZEN

FÜR DEN HEFETEIG:
¼ Würfel Hefe (ca. 10 g)
250 g Mehl · 1 gestr. TL Salz
2 EL mildes Olivenöl
Mehl zum Arbeiten · Öl für das Blech

FÜR EINE PIZZA ROSSA:
350 g passierte Tomaten (aus der Dose)
1 fein geriebene Knoblauchzehe
1 Msp. fein geriebener Ingwer
½ TL getr. ital. Kräuter (ersatzweise je 1 Msp. getr. Oregano, Bohnenkraut, Majoran, Thymian, Rosmarin)
mildes Chilisalz · Zucker
120 g Cocktailtomaten
1 EL mildes Olivenöl
1 TL Aceto balsamico
24 Mini-Mozzarella-Kugeln
2 EL schwarze Oliven (ohne Stein)
1 Handvoll Basilikumblätter
Pfeffer aus der Mühle

FÜR EINE PIZZA BIANCA:
1 EL Pinienkerne
2 Bund Rucola (à ca. 50 g)
8 hauchdünne Scheiben Parmaschinken (oder anderer Rohschinken)
100 g Artischockenherzen (Glas)
4 kleine feste Steinpilze
1 Handvoll kleine Pfifferlinge
mildes Chilisalz · 1 TL Öl
250 g Fontina-Späne (ersatzweise Mozzarella)
1–2 TL mildes Olivenöl
1 TL Balsamico bianco
Zucker · Pfeffer aus der Mühle

HERZHAFTE FOCACCIA
mit Cocktailtomaten und Oliven

ZUTATEN FÜR 1 BACKBLECH

FÜR DEN TEIG:

15 g frische Hefe
500 g Mehl
½ TL Zucker
13 EL mildes Olivenöl
2 TL Salz (15 g)
1–2 EL Rosmarinnadeln
(frisch geschnitten)
250 g Cocktailtomaten
1 geh. EL getr. ital. Kräuter (ersatzweise je 1 Prise getr. Bohnenkraut,
Majoran, Oregano, Thymian und
Rosmarin)
80 g grüne Oliven (ohne Stein)
2 TL Pyramidensalz
(ersatzweise Fleur de sel)

FÜR DEN DIP:

150 g griech. Joghurt (10 % Fett)
1 fein geriebene Knoblauchzehe
1 Msp. fein geriebener Ingwer
½ TL abgeriebene unbehandelte
Limettenschale
1 EL mildes Olivenöl
mildes Chilisalz

AUSSERDEM:

1 Handvoll Rucola
2 Kugeln Mozzarella
100 g Coppa-Schinken (in dünnen
Scheiben, ersatzweise Parmaschinken
oder Prosciutto)
1 Handvoll gemischte Kräuterblätter
(z. B. Basilikum, Mini-Basilikum)

1 Für den Teig die Hefe in 5 EL lauwarmem Wasser glatt rühren. Das Mehl in eine Schüssel sieben und in die Mitte eine Mulde drücken. Die aufgelöste Hefe mit dem Zucker hineingeben, mit etwas Mehl zu einem zähen Teig verrühren und mit etwas Mehl bestäuben. Den Vorteig an einem warmen Ort zugedeckt etwa 15 Minuten gehen lassen, bis sich im Mehl Risse zeigen.

2 Dann 5 EL Olivenöl und ¼ l nicht zu kaltes Wasser zügig mit Mehl und Vorteig mischen, Salz und Rosmarin hinzufügen und alles mit den Knethaken des Handrührgeräts oder der Küchenmaschine 5 bis 10 Minuten zu einem weichen, geschmeidigen Teig kneten, der Blasen wirft (ähnlich einem Spätzleteig). Je nach Konsistenz noch einige EL Wasser hinzufügen. Den Teig in einer großen Schüssel an einem warmen Ort zugedeckt 1 Stunde gehen lassen.

3 Ein tiefes Backblech mit Backpapier belegen und das Backpapier mit 3 EL Olivenöl bestreichen. Die Tomaten waschen und trocken tupfen. Den Teig in der Schüssel mit einem Teigspatel kurz zusammenschlagen und auf dem gesamten Backblech verteilen. Mit Kräutern bestreuen und mit Tomaten und Oliven gleichmäßig belegen. Mit einem umgedrehten Backblech zudecken und etwa 1 Stunde gehen lassen. Den Backofen rechtzeitig auf 200 °C vorheizen.

4 Anschließend das übrige Olivenöl mit einem Löffelrücken vorsichtig auf der Teigoberfläche verteilen und die Focaccia mit Pyramidensalz bestreuen. Im Ofen auf der mittleren Schiene 30 bis 35 Minuten goldbraun backen. Aus dem Ofen nehmen und lauwarm abkühlen lassen.

5 Währenddessen für den Dip den Joghurt mit Knoblauch, Ingwer und Limettenschale glatt rühren. Das Olivenöl untermischen und den Dip mit Chilisalz abschmecken. Den Rucola verlesen, waschen und trocken schleudern, grobe Stiele entfernen. Den Mozzarella in 1 bis 1½ cm große Stücke schneiden.

6 Zum Servieren Schinken, Rucola und Mozzarella auf der lauwarmen Focaccia verteilen und den Dip dazu reichen. Die Focaccia mit den Kräuterblättern garnieren.

GEBACKENER MOZZARELLA
auf buntem Tomatensalat mit Pfirsich

ZUTATEN FÜR 4 PERSONEN

FÜR DEN MOZZARELLA:
2 Kugeln Mozzarella
mildes Chilisalz
Pfeffer aus der Mühle
16 dünne Baguettescheiben
2 EL Basilikumpesto
(siehe S. 54)
2 Eier
4 EL Milch · Salz
Öl zum Braten

FÜR DEN TOMATENSALAT:
500 g bunte Cocktailtomaten
1–2 EL Balsamico bianco
2 EL mildes Olivenöl
mildes Chilisalz
Pfeffer aus der Mühle
Zucker
1 reifer Pfirsich (ersatzweise
Aprikose oder Nektarine)

AUSSERDEM:
einige Basilikumblätter
zum Garnieren

1 Aus der Mitte der Mozzarellakugeln 8 etwa 6 bis 7 mm große Scheiben schneiden (siehe Tipp, Rest anderweitig verwenden). Jeweils 1 Mozzarellascheibe mit Chilisalz und Pfeffer würzen und auf 1 Baguettescheibe setzen. Jeweils ½ TL Pesto darauf verteilen, mit einer zweiten Baguettescheibe belegen und etwas andrücken.

2 Für den Tomatensalat die Tomaten waschen, halbieren und mit Essig, Olivenöl, Chilisalz, Pfeffer und 1 Prise Zucker marinieren. Den Pfirsich waschen, halbieren und den Stein entfernen. Die Pfirsichhälften in schmale Spalten schneiden und diese halbieren. Den bunten Tomatensalat auf Teller verteilen und die Pfirsichstücke dazwischensetzen.

3 Die Eier mit der Milch und etwas Salz in einem tiefen Teller verquirlen. Die gefüllten Weißbrotscheiben vorsichtig in den verquirlten Eiern wenden. Eine Pfanne bei mittlerer Temperatur erhitzen, bodenbedeckt etwa ½ cm hoch Öl darin verteilen und die Mozzarellapäckchen auf beiden Seiten goldbraun braten.

4 Den gebackenen Mozzarella aus der Pfanne nehmen, auf Küchenpapier abtropfen lassen und sofort auf die vorbereiteten Salatteller setzen. Mit Basilikumblättern garnieren.

TIPP Die Mozzarellascheiben sollten etwas kleiner sein als die Baguettescheiben, damit sich die Päckchen schön braten lassen und der Mozzarella beim Braten nicht seitlich herausläuft.

WURSTSALAT BOLOGNA
mit Spargel und Artischocken

———

1 Für die Vinaigrette die Brühe mit Essig und Olivenöl in einer Schüssel gründlich verrühren und mit Chilisalz, Pfeffer und 1 Prise Zucker abschmecken.

2 Für den Salat den Spargel waschen und die holzigen Enden entfernen, die Stangen im unteren Drittel schälen und schräg in 2 cm lange Stücke schneiden. Mit der Brühe in einen Topf geben, mit einem Blatt Backpapier bedecken und den Spargel knapp unter dem Siedepunkt etwa 8 Minuten fast weich garen, anschließend vom Herd nehmen und in der Brühe abkühlen lassen.

3 Die Zwiebel schälen, halbieren und in feine Streifen schneiden. Die Artischockenherzen abtropfen lassen und in Viertel schneiden. Die Bohnen auf einem Sieb abbrausen und abtropfen lassen. Die Tomaten waschen und halbieren. Die Mortadella in 1½ bis 2 cm große Würfel schneiden.

4 Große Basilikumblätter etwas zerpflücken, kleine Basilikumblätter im Ganzen lassen, alle waschen und trocken tupfen. Die Salatzutaten in einer großen Schüssel mit der Vinaigrette und den Basilikumblättern mischen, dabei den Spargel mit der Brühe dazugeben. Den Salat vor dem Servieren noch 5 bis 10 Minuten ziehen lassen, dann nochmals abschmecken.

5 Zum Servieren den Wurstsalat auf tiefe Teller verteilen. Die Eier pellen, in Spalten schneiden und auf den Wurstsalat setzen.

ZUTATEN FÜR 4 PERSONEN

FÜR DIE VINAIGRETTE:
150 ml Gemüsebrühe
3 EL Weißweinessig
2 EL mildes Olivenöl
mildes Chilisalz
Pfeffer aus der Mühle
Zucker

FÜR DEN SALAT:
100 g grüner Spargel
50 ml Gemüsebrühe
1 rote Zwiebel
100 g Artischockenherzen
(aus dem Glas)
100 g weiße Bohnen
(aus der Dose)
100 g Cocktailtomaten
500 g Mortadella (1 Scheibe von
1½–2 cm Dicke)
1 Handvoll Basilikumblätter

AUSSERDEM:
2 hart gekochte Eier

MEERESFRÜCHTESALAT
mit Borlotti-Bohnen

ZUTATEN FÜR 4 PERSONEN

FÜR DEN SALAT:
2 EL Weißweinessig
3 EL mildes Olivenöl
½ TL fein geriebener Ingwer
1 fein geriebene Knoblauchzehe
je 1 TL abgeriebene unbehandelte
Zitronen- und Orangenschale
mildes Chilisalz · Zucker
1 Stange Staudensellerie
¼ Salatgurke · 100 g Cocktailtomaten
½ kleine rote Zwiebel
100 g Borlotti-Bohnen (aus der Dose)
2 EL schwarze Kalamata-Oliven
(ohne Stein)

FÜR DIE GARNELEN:
je 1 TL schwarze Pfeffer-, Korianderkörner und Fenchelsamen sowie
½ TL Zimtrindensplitter für die
Gewürzmühle
6 Riesengarnelen
8 ausgelöste Jakobsmuscheln
1 TL Öl · 250 g gekochter Oktopus
1 Knoblauchzehe (in Scheiben)
1 kleine getr. rote Chilischote
1 Streifen unbehandelte Orangenschale
3 angedrückte Kardamomkapseln
1 Zweig Rosmarin
einige Blätter Mini-Basilikum

1 Für den Salat für die Vinaigrette 100 ml Wasser mit Essig und Olivenöl verrühren. Ingwer, Knoblauch und Zitrusschalen dazugeben und alles mit Chilisalz und 1 Prise Zucker würzen.

2 Den Staudensellerie putzen, waschen und in dünne Scheiben schneiden, die Sellerieblätter zum Garnieren beiseitelegen. Die Gurke waschen, längs halbieren und in Scheiben schneiden. Die Tomaten waschen, vierteln und nach Belieben die Kerne entfernen. Die Zwiebel schälen und in 1 cm große Blättchen schneiden. Die Bohnen in einem Sieb abbrausen und abtropfen lassen. Das Gemüse mit den Oliven in eine Schüssel geben und mit der Vinaigrette gründlich mischen.

3 Für die Garnelen die Pfeffer- und Korianderkörner, Fenchelsamen und Zimtrindensplitter in eine Gewürzmühle füllen. Die Garnelen vollständig schälen, am Rücken entlang nicht zu tief einschneiden und den Darm entfernen. Garnelen und Jakobsmuscheln waschen und trocken tupfen.

4 Eine große Pfanne bei mittlerer Temperatur erhitzen und das Öl mit einem Pinsel darin verstreichen. Die Garnelen, die Jakobsmuscheln und die Oktopusarme dazugeben. Dann Knoblauch, Chilischote, Orangenschale, Kardamom und Rosmarin hinzufügen und die Meeresfrüchte auf jeder Seite 1 bis 2 Minuten anbraten. Zuletzt mit der Mischung aus der Gewürzmühle würzen. Die Pfanne vom Herd nehmen.

5 Zum Servieren die Oktopusarme je nach Größe in Scheiben schneiden. Die beiseitegelegten Sellerieblätter und den Mini-Basilikum waschen und tropfen tupfen. Den Salat auf Teller verteilen, die Meeresfrüchte darauf anrichten und mit Mini-Basilikum- und Sellerieblättern garnieren.

NUDELSALAT
mit Thunfisch und Kumquats

ZUTATEN FÜR 4 PERSONEN

FÜR DIE NUDELN:
250 g Hörnchennudeln
(ersatzweise Spirelli, Makkaroni
oder Fusilli) · Salz
1 Lorbeerblatt
1 Knoblauchzehe (in Scheiben)
1 kleine getr. rote Chilischote
1 EL mildes Olivenöl

FÜR DEN SALAT:
2 Frühlingszwiebeln · 2–3 Kumquats
100 ml Gemüsebrühe
2 EL Limettensaft
½ TL abgeriebene unbehandelte
Limettenschale
1 TL Sherry medium dry
2 EL mildes Olivenöl
1–2 EL Pistazienkerne
4 EL Granatapfelkerne
2 EL gemischte Kräuterblätter
(z. B. Basilikum, Dill, Kerbel, Minze,
Petersilie; frisch geschnitten)
mildes Chilisalz
Pfeffer aus der Mühle · Zucker
300 g Thunfisch (aus der Dose)

1 Die Nudeln in reichlich kochendem Salzwasser mit Lorbeerblatt, Knoblauch und Chilischote al dente garen. In ein Sieb abgießen und abtropfen lassen, die ganzen Gewürze wieder entfernen. Die Nudeln auf ein Backblech verteilen, etwas ausdampfen lassen und mit dem Olivenöl mischen.

2 Währenddessen für den Salat die Frühlingszwiebeln putzen, waschen und schräg in dünne Ringe schneiden. Die Kumquats heiß waschen, abtrocknen und in dünne Scheiben schneiden, dabei die Kerne entfernen.

3 Die Hörnchennudeln mit Brühe, Limettensaft und -schale, Sherry und Olivenöl marinieren (siehe Tipp). Die Frühlingszwiebeln und Kumquats dazugeben und Pistazien, Granatapfelkerne und Kräuter untermischen. Zuletzt den Salat mit Chilisalz, Pfeffer und 1 Prise Zucker würzen.

4 Den Thunfisch in ein Sieb abgießen und gut abtropfen lassen, anschließend mit einer Gabel in kleine Stücke teilen. Zum Servieren den Thunfisch zum Nudelsalat geben und gleichmäßig untermischen. Den Salat nach Belieben nochmals abschmecken und auf Tellern anrichten.

TIPP Der Nudelsalat schmeckt frisch zubereitet am besten, die Nudeln dürfen zum Marinieren noch warm sein. Achten Sie darauf, dass das Kochwasser für die Nudeln ausreichend gewürzt ist, damit die Nudeln an sich auch aromatisch schmecken.

CREVETTENSALAT
mit Reis, Avocado und Erdbeeren

1 Den Reis in einem Sieb unter fließendem kaltem Wasser so lange abbrausen, bis dieses klar bleibt. Dann in einen Topf geben, 150 ml Wasser dazugießen, sodass dieses etwa fingerbreit über dem Reis steht, und 1 Prise Salz hinzufügen. Den Reis kurz aufkochen, mit einem Blatt Backpapier bedecken und knapp unter dem Siedepunkt etwa 20 Minuten bissfest quellen lassen. Anschließend mit einer Gabel auflockern und lauwarm abkühlen lassen.

2 Inzwischen für das Dressing die Brühe mit 2 EL Limettensaft, Limettenschale und Olivenöl in einer kleinen Schüssel gründlich verrühren und mit Chilisalz, Pfeffer und 1 Prise Zucker würzen.

3 Die Crevetten waschen und trocken tupfen (tiefgekühlte Crevetten rechtzeitig auftauen lassen). Die Mango schälen und in ½ cm große Würfel schneiden. Die Avocado halbieren und den Kern entfernen. Die Avocadohälften schälen, in ½ bis 1 cm große Würfel schneiden und sofort mit dem restlichen 1 EL Limettensaft beträufeln. Die Frühlingszwiebeln putzen, waschen und schräg in dünne Ringe schneiden.

4 Crevetten, Mango, Avocado und Frühlingszwiebeln in eine große Schüssel geben, Basilikum und Minze hinzufügen und alles gründlich mit dem Dressing mischen. Den gegarten Reis unterheben und den Salat 5 bis 10 Minuten ziehen lassen. Anschließend den Salat nochmals abschmecken.

5 Die Erdbeeren waschen, putzen und in schmale Spalten oder ½ cm große Würfel schneiden. Die Basilikumspitzen waschen und trocken tupfen. Zum Servieren den Salat auf tiefe Teller verteilen und die Erdbeeren daraufstreuen. Mit Basilikumspitzen garnieren.

ZUTATEN FÜR 4 PERSONEN

75 g Langkornreis · Salz
125 ml Gemüsebrühe
3 EL Limettensaft
abgeriebene Schale von 1 unbehandelten Limette
3 EL mildes Olivenöl
mildes Chilisalz
Pfeffer aus der Mühle · Zucker
300 g vorgegarte Crevetten
(aus dem Glas oder tiefgekühlt)
½ Mango
1 reife Avocado
2 Frühlingszwiebeln
1 EL Basilikumblätter
(frisch geschnitten)
1 TL Minzeblätter (frisch geschnitten)
80 g Erdbeeren
4 Basilikumspitzen

FRITTO MISTO
mit Knoblauch-Limetten-Mayonnaise

ZUTATEN FÜR 4 PERSONEN

FÜR DEN FRITTO MISTO:
400 g gemischtes Gemüse
(z. B. Fenchel, Karotten, Zucchini) und
Champignons
120 g Sepiolini (Mini-Tintenfische;
küchenfertig)
120 g Shrimps (kleinere Garnelen;
geschält und entdarmt)
60 g Sardinenfilets (mit Haut)
125 g Mehl · 125 g Speisestärke
2 Päckchen Backpulver (30 g)
1 EL getr. ital. Kräuter
Salz · Pfeffer aus der Mühle · Zucker
frisch geriebene Muskatnuss
50 g doppelgriffiges Mehl (Wiener
Grießler) und Fett zum Ausbacken

FÜR DIE MAYONNAISE:
2 Eiweiß · 1 TL Dijonsenf
50–60 ml neutrales Öl
50–60 ml mildes Olivenöl
1–2 fein geriebene Knoblauchzehen
½ TL fein geriebener Ingwer
Saft von ¼–½ Limette
abgeriebene Schale von 1 unbehandelten Limette
1–2 EL Naturjoghurt
1 TL mildes Chilisalz · Zucker

AUSSERDEM:
je 1 TL schwarze Pfeffer-, Korianderkörner und Fenchelsamen sowie
½ TL Zimtrindensplitter für die
Gewürzmühle
Saft von ½ Limette

1 Für den Fritto misto den Fenchel putzen, waschen, vierteln und in 2 bis 3 mm dünne Scheiben hobeln. Die Karotten putzen, schälen, längs in 2 bis 3 mm dünne Scheiben hobeln und diese halbieren oder dritteln. Die Zucchini putzen, waschen, längs halbieren und schräg in ½ cm dünne Scheiben schneiden. Pilze putzen, trocken abreiben und halbieren. Sepiolini nach Belieben kleiner schneiden, dann mit Shrimps und Sardinen waschen und trocken tupfen.

2 Für die Mayonnaise Eiweiße und Senf in einem hohen Rühr-becher mit dem Stabmixer schaumig rühren. Ständig weitermixen und dabei beide Ölsorten in einem dünnen Faden einlaufen lassen. Knoblauch, Ingwer, Limettensaft und -schale, Joghurt, Chilisalz und 1 Prise Zucker hinzufügen und gut unterrühren. Die Mayonnaise in kleine Schälchen füllen. Die Pfeffer- und Korianderkörner, Fenchel-samen und Zimtrindensplitter in eine Gewürzmühle füllen.

3 Für den Ausbackteig Mehl, Stärke und Backpulver mischen, in eine Schüssel sieben und unter Rühren langsam 300 ml kaltes Wasser dazugeben, sodass ein sämiger Teig entsteht. (Sobald das Wasser hinzugefügt wird, schäumt das Ganze wegen der Back-pulverzugabe etwas.) Die Kräuter unterrühren und den Teig mit Salz, Pfeffer, 1 Prise Zucker und etwas Muskatnuss würzen.

4 Das doppelgriffige Mehl in einen tiefen Teller geben. Reichlich Fett in einem großen Topf oder einer Fritteuse auf 160 °C erhitzen. Gemüse, Pilze, Sepiolini, Shrimps und Sardinen zuerst im Mehl wenden, dann nach und nach durch den Teig ziehen, etwas ab-tropfen lassen und im Fett 3 bis 4 Minuten rundum goldbraun aus-backen. Herausnehmen und auf Küchenpapier abtropfen lassen. Auf vorgewärmte Teller verteilen, mit Limettensaft beträufeln und mit der Mischung aus der Gewürzmühle würzen. Zum Servieren die Mayonnaise und nach Belieben Limettenspalten dazu reichen.

TIPP Für das Gemüse können Sie nach Belieben auch die Mini-Varianten nehmen: Dafür Mini-Zucchini längs halbieren, Mini-Karotten schälen, Mini-Fenchel halbieren und alles in kochendem Salzwasser etwa 3 Minuten blanchieren. Abgießen, kalt abschre-cken und abtropfen lassen. Wie beschrieben zubereiten.

TOMATENSUPPE
mit Ricotta-Kräuter-Gnocchi

FÜR DIE SUPPE:
1 ½ Zwiebeln · 1 große Karotte
Zucker
½ l Gemüse- oder Hühnerbrühe
500 g stückige Tomaten (aus der Dose)
1 Lorbeerblatt · 1 cm getr. Vanilleschote
und 5 Pimentkörner für die Gewürzmühle
1 fein geriebene Knoblauchzehe
Chiliflocken
frisch geriebene Muskatnuss · Salz

FÜR DIE GNOCCHI:
2 TL schwarze Pfefferkörner und 1 TL
Fenchelsamen für die Gewürzmühle
70 g geriebener Parmesan
1 Ei · 200 g Ricotta
70 g doppelgriffiges Mehl
je 1 EL Petersilien- und Basilikumblätter (frisch geschnitten)
1 TL Minzeblätter (frisch geschnitten)
1 Prise getr. Oregano
½ fein geriebene Knoblauchzehe
1 Msp. fein geriebener Ingwer
1 Msp. abgeriebene unbehandelte
Zitronenschale
Salz · frisch geriebene Muskatnuss

AUSSERDEM:
Salz · 1 Lorbeerblatt
2 Streifen unbehandelte Zitronenschale
1 kleine getr. rote Chilischote
1 halbierte Knoblauchzehe
1 EL mildes Olivenöl

1 Für die Suppe die Zwiebeln schälen und in feine Würfel schneiden. Die Karotte putzen, schälen und in Scheiben schneiden.
Zwiebeln und Karotte mit ½ TL Zucker bei milder Hitze in einem
Topf wenige Minuten andünsten. Die Brühe und die Tomatenstücke
hinzufügen und alles knapp unter dem Siedepunkt 30 Minuten
garen, bis Zwiebeln und Karotte weich sind.

2 Das Lorbeerblatt in kleine Stücke brechen. Die Vanilleschote
grob zerkleinern. Lorbeerblatt, Vanilleschote und Pimentkörner in
eine Gewürzmühle füllen. Die Suppe mit dem Stabmixer fein pürieren. Mit Knoblauch, 1 Prise Chiliflocken, etwas Muskatnuss und der
Mischung aus der Gewürzmühle würzen. Zuletzt mit Salz und nach
Belieben mit 1 Prise Zucker würzen. Die Suppe warm halten.

3 Für die Gnocchi die Pfefferkörner und Fenchelsamen in eine
Gewürzmühle füllen. Den Käse mit Ei, Ricotta, Mehl, Kräutern,
Knoblauch, Ingwer und Zitronenschale in eine Schüssel geben.
Mit Salz, etwas Mischung aus der Gewürzmühle und Muskatnuss
würzen und alles zu einer glatten Masse verarbeiten.

4 Ausreichend Salzwasser in einem Topf erhitzen und Lorbeerblatt,
Zitronenschale, Chilischote und Knoblauch hinzufügen. Aus der
Gnocchimasse mit einem Esslöffel in der hohlen Hand Gnocchi
formen und ins Salzwasser streifen (alternativ mit zwei nassen Teelöffeln Gnocchi formen). Die Gnocchi knapp unter dem Siedepunkt
5 bis 10 Minuten garen. Mit einem Schaumlöffel herausheben und
kurz abtropfen lassen.

5 Zum Servieren die Tomatensuppe in vorgewärmten Schalen oder
tiefen Tellern anrichten und die Gnocchi vorsichtig daraufsetzen.
Alles mit etwas Olivenöl beträufeln und nach Belieben mit Mini-
Basilikumblättern garnieren.

TIPP Sie können aus der Masse auch typische Gnocchi formen.
Dazu aus der Masse auf einer mit reichlich doppelgriffigem Mehl
bestäubten Arbeitsfläche zuerst 1 ½ bis 2 cm dünne Rollen formen
und diese dann quer in 1 bis 1 ½ cm lange Stücke schneiden.

ZUPPA SICILIANA
mit zweierlei Fischfilet

ZUTATEN FÜR 4 PERSONEN

FÜR DIE SUPPE:
700 g gegarte Kichererbsen
(aus der Dose)
1,1 l Gemüsebrühe
200 g Sahne
2 TL Ras-el-Hanout
mildes Chilisalz
1 Msp. abgeriebene unbehandelte
Orangenschale
½ kleine Zwiebel
1 kleine Stange Staudensellerie
1 kleine Karotte
je 1 TL Minzeblätter und Koriandergrün
(frisch geschnitten)
mildes Chilisalz

FÜR DIE FISCHEINLAGE:
4 Scheiben Lottefilet
(à ca. 30 g; ohne Haut)
1 Doradenfilet (ca. 120 g, mit Haut)
½ TL Öl
mildes Chilisalz
4 Minzespitzen
2 TL mildes Olivenöl

1 Für die Suppe die Kichererbsen in einem Sieb abbrausen und abtropfen lassen, 200 g beiseitestellen. Die restlichen 500 g Kichererbsen mit 1 l Brühe in einen Topf geben und die Sahne hinzufügen. Alles mit einem Blatt Backpapier bedecken und knapp unter dem Siedepunkt 5 bis 10 Minuten garen. Dann die Suppe mit dem Stabmixer fein pürieren und mit Ras-el-Hanout, Chilisalz und Orangenschale würzen, warm halten.

2 Die Zwiebel schälen und in feine Würfel schneiden. Den Sellerie putzen und waschen, die Karotte putzen und schälen und beides schräg in 4 bis 5 mm dünne Scheiben schneiden. Das Gemüse mit der übrigen Brühe in eine tiefe Pfanne geben, mit einem Blatt Backpapier bedecken und knapp unter dem Siedepunkt 5 bis 10 Minuten weich garen. Dann die beiseitegestellten 200 g Kichererbsen hinzufügen und darin kurz erhitzen. Die Minze und das Koriandergrün dazugeben und alles mit Chilisalz abschmecken. Die Suppeneinlage ebenfalls warm halten.

3 Für die Fischeinlage alle Fischfilets waschen und trocken tupfen. Die Lottefilets halbieren oder vierteln, das Doradenfilet in 4 Stücke schneiden. Eine Pfanne bei mittlerer Temperatur erhitzen und das Öl mit einem Pinsel darin verstreichen. Die Doradenfiletstücke auf der Hautseite in die Pfanne setzen, die Lottefiletstücke daneben verteilen und alles 2 bis 3 Minuten anbraten. Die Fischstücke wenden, vom Herd nehmen und in der Nachhitze der Pfanne noch 1 bis 2 Minuten saftig ziehen lassen. Mit Chilisalz würzen.

4 Zum Servieren die Minze waschen und trocken tupfen. Die Suppe mit dem Stabmixer nochmals aufschäumen und in vorgewärmte tiefe Teller verteilen. Die Suppeneinlage und die Fischstücke daraufsetzen. Mit Minzespitzen garnieren und mit Olivenöl beträufeln.

GEGRILLTE POLENTA „TRICOLORE"

ZUTATEN FÜR 4 PERSONEN

FÜR DIE POLENTA:
300 ml Milch
300 ml Gemüsebrühe · Salz
300 g Instant-Polenta (Maisgrieß)
3 EL geriebener Parmesan
1 TL Rosmarinnadeln
(frisch geschnitten)
2 Eier
1 fein geriebene Knoblauchzehe
1 TL abgeriebene unbehandelte
Zitronenschale
Pfeffer aus der Mühle
frisch geriebene Muskatnuss
1–2 TL Öl für die Form und zum Braten

FÜR DAS PESTO:
50 g Blattspinat · Salz
½ Bund Basilikum
1 kleine Knoblauchzehe
1 TL geriebener Parmesan
1 TL geröstete Mandelblättchen
1 TL geröstete Pinienkerne
2 EL neutrales Öl
3 EL mildes Olivenöl
2–3 EL Gemüsebrühe
mildes Chilisalz

AUSSERDEM:
120 g Pfifferlinge
½ TL Öl
mildes Chilisalz
200 g Cocktailtomaten
1 Büffelmozzarella

1 Für die Polenta die Milch mit Brühe und 1 Prise Salz in einem Topf aufkochen. Die Polenta unter Rühren einrieseln und etwas köcheln lassen, bis ein dicker Brei entstanden ist. Vom Herd nehmen, Parmesan, Rosmarin, Eier, Knoblauch und Zitronenschale unterrühren und mit Salz, Pfeffer und etwas Muskatnuss würzen.

2 Einen Bräter oder eine große Auflaufform mit etwas Öl einfetten und mit Backpapier belegen. Die Polenta darin etwa 1 cm dick glatt verstreichen, nicht zudecken und im Kühlschrank abkühlen lassen.

3 Für das Pesto den Spinat verlesen und waschen, dabei grobe Stiele entfernen. In einem Topf in kochendem Salzwasser 1 Minute blanchieren. In ein Sieb abgießen, kalt abschrecken und gut abtropfen lassen. Mit den Händen das übrige Wasser gut ausdrücken und den Spinat klein schneiden. Das Basilikum waschen, trocken tupfen und die Blätter abzupfen. Die Knoblauchzehe schälen und in Scheiben schneiden.

4 Spinat, Basilikum, Knoblauch, Parmesan, Mandelblättchen und Pinienkerne mit Öl und Olivenöl im Mixer nicht zu fein pürieren. So viel Brühe dazugeben, dass das Pesto eine sämige Konsistenz erhält. Zuletzt mit Chilisalz würzen.

5 Die Pfifferlinge gründlich putzen, falls nötig, waschen und trocken tupfen. Eine Pfanne bei mittlerer Temperatur erhitzen, das Öl mit einem Pinsel darin verstreichen und die Pfifferlinge einige Minuten anbraten, mit Chilisalz würzen. Die Tomaten waschen und in Scheiben schneiden, nach Belieben die Kerne entfernen.

6 Die Polentaplatte mithilfe des Backpapiers aus der Form heben, zuerst längs halbieren und dann quer in 6 bis 7 cm breite Stücke schneiden. Eine Grillpfanne bei mittlerer Temperatur erhitzen, ½ TL Öl mit einem Pinsel darin verstreichen und die Polentastücke auf beiden Seiten bei mittlerer Hitze goldbraun braten.

7 Zum Servieren die Polentastücke auf vorgewärmte Teller setzen. Die Tomatenscheiben darauflegen, den Mozzarella in kleine Stücke zupfen oder schneiden und zwischen die Tomaten setzen. Alles mit Chilisalz würzen. Die Pfifferlinge darauf verteilen und das Pesto darum herumträufeln. Nach Belieben mit Basilikumblättern garnieren.

PRIESTERWÜRGER –
Ricotta-Spinat-Knödel mit Salbeibutter

ZUTATEN FÜR 4 PERSONEN

FÜR DIE PRIESTERWÜRGER:
250 g Weißbrot (vom Vortag)
500 g Blattspinat · Salz
3–4 Minzeblätter
6–7 Basilikumblätter
2 Eier
100 g Ricotta
1 fein geriebene Knoblauchzehe
1 Msp. fein geriebener Ingwer
½ TL abgeriebene unbehandelte
Limettenschale
frisch geriebene Muskatnuss
mildes Chilisalz
100 g geriebener Parmesan

AUSSERDEM:
1 Lorbeerblatt
1 kleine getr. rote Chilischote
4 Handvoll Salatblätter
(z. B. Castell franco, Mini-Romana,
Radicchio, Salanova)
2 EL gemischte Kräuterblätter
(z. B. Basilikum, Dill, Kerbel,
etwas Minze)
2 EL essbare Blüten
8 kleine Salbeiblätter
1 Knoblauchzehe (in Scheiben)
100 g braune Butter (siehe Tipp)
1 Msp. abgeriebene unbehandelte
Limettenschale
50 g Parmesanspäne
4 EL mildes Olivenöl
1 EL Limettensaft
mildes Chilisalz

1 Für die Priesterwürger das Weißbrot in ½ cm große Würfel schneiden. Den Spinat verlesen und waschen, dabei grobe Stiele entfernen. Die Spinatblätter in einem Topf in kochendem Salzwasser 1 bis 2 Minuten blanchieren, in ein Sieb abgießen, kalt abschrecken und gut abtropfen lassen. Mit den Händen das übrige Wasser gut ausdrücken und den Spinat klein schneiden.

2 Die Minze- und Basilikumblätter waschen und trocken tupfen. Mit Spinat, Eiern und Ricotta in einen Blitzhacker geben. Knoblauch, Ingwer und Limettenschale hinzufügen. Mit etwas Muskatnuss und Chilisalz würzen und alles fein pürieren. Die Spinatmasse mit Weißbrot und Parmesan in einer großen Schüssel mischen und mindestens 10 Minuten ruhen lassen.

3 Dann aus der Knödelmasse mit angefeuchteten Händen etwa 32 Bällchen formen. In einem großen Topf reichlich Salzwasser mit Lorbeerblatt und Chilischote aufkochen und die Priesterwürger darin knapp unter dem Siedepunkt 10 Minuten ziehen lassen, bis sie nach oben steigen. Herausnehmen und abtropfen lassen.

4 Inzwischen die Salatblätter waschen, trocken schleudern und in mundgerechte Stücke zupfen. Die Kräuterblätter und Blüten waschen, trocken tupfen und unter die Salatblätter mischen.

5 Zum Servieren die Salbeiblätter waschen, trocken tupfen und mit dem Knoblauch in einer großen tiefen Pfanne in der braunen Butter bei milder Hitze etwas ziehen lassen. Die Limettenschale hinzufügen und die Priesterwürger in der Salbeibutter wenden. Auf vorgewärmten Tellern anrichten und mit Parmesanspänen bestreuen. Den Kräutersalat danebensetzen, mit Olivenöl und Limettensaft beträufeln und mit Chilisalz bestreuen.

TIPP Wenn Sie braune Butter selbst machen möchten, 250 g Butter in einem kleinen Topf bei mittlerer Temperatur langsam erhitzen, bis sie goldbraun ist und ein nussiges Aroma hat. Den Topf vom Herd nehmen und die Butter durch ein mit Küchenpapier ausgelegtes Sieb gießen. In ein gut schließbares Glas umfüllen und kühl aufbewahren. Sie hält sich so 2 bis 3 Monate.

Ob mit Speck oder mit Käse, ob mit Rote Bete oder mit Spinat, der Knödelhimmel spannt sich zwar auch über Bayern, aber nirgendwo anders ist er so bunt wie in Südtirol. Knödel oder auf neuitalienisch Canederli sind für viele der kulinarische Grund überhaupt, südlich des Brenners aufzukreuzen. Auf eine fade Nockn (damit ist entweder eine langweilig Person gemeint, in diesem Fall jedoch ein langweiliger Knödel) wird man von Bozen bis Meran eher nicht treffen, denn schließlich sind die Knödel

Priesterwürger

schon fast ein Südtiroler Nationalheiligtum. Bekannt sind die rollenden Leckerbissen in diesem Landstrich mindestens schon seit dem Mittelalter. In einer kleinen Burgkapelle in Hocheppan finden sich jedenfalls schon Fresken, in denen eine Knödel essende Magd gezeigt wird. Noch ein kleiner Tipp für Kirchenmalerei-Liebhaber: Im Dom von Brixen gibt es eine der ersten bildlichen Darstellungen eines Elefanten überhaupt.

Wer hat den Priester erwürgt?

Strangolapreti oder übersetzt „Priesterwürger" sind eine weitere Spezialität der norditalienischen Küche. Kulinarisch gesehen ebenfalls eine runde Sache, auch wenn sie nicht wie Knödel aussehen, sondern eher an Nockerl erinnern. Weshalb man sie auch unter dem Titel „Malfatti" – die Misslungenen – kennt. Hauptbestandteile dieser vegetarischen Nocken sind Grana padano, Spinat, Ricotta und natürlich Weißbrot. Serviert werden sie mit geschmolzener Salbeibutter. Der Name „Strangolapreti" stammt vermutlich aus der Zeit des Konzils von Trient (1545 – 1563), wo diese Klößchen die Leibspeise der dort anwesenden Prälaten gewesen sein sollen. Der eine oder andere Prälat hat sich vermutlich mal ein paar Knödel zu viel einverleibt, sodass der Kragen eng und enger wurde. Ob einer je daran erstickt ist, weil seine Gier zu groß war, ist nicht überliefert – aber unter Umständen vorstellbar. Wenn man Strangolapreti oder Knödel in Südtirol isst, dann sollte man das Messer weglassen. Zerteilt werden die Nockerl mit der Gabel, alles andere wäre eine Beleidigung des Kochs oder der Köchin, weil es ja sonst bedeuten würde, dass die Knödel zu hart sind.

Und was sind eigentlich Strozzapreti?

Übersetzt heißt Strozzapreti „Möge der Pfaffe daran ersticken!" – Strozzapreti sind aber keine Knödel, sondern Nudeln, die ursprünglich aus Bologna stammen. Hier kommt im Gegensatz zur Konkurrenz aus den Marken oder der Toskana noch Parmesan zusätzlich in den Teig. Warum sie so heißen? In der Emilia Romagna hatte die Kirche sehr viel Besitz, und Pacht wurde von den Bauern seinerzeit auch in Naturalien, also auch mit Nudeln bezahlt. Und die wurde wohl oft mit dem oben zitierten, nicht ganz so frommen Wunsch entrichtet.

Grana padano oder Parmesan – nur ein kleiner Unterschied?

Obwohl sich die Käse vom Geschmack her ähneln, gibt es ein paar grundlegende Unterschiede. Das fängt bei der Herkunft an: Während der Grana padano in der ganzen Po-Ebene produziert werden darf, gibt es für den Parmesan ein streng eingegrenztes Gebiet (Parma und Reggio Emilia). Zudem hat der Parmigiano Reggiano strengere Produktionsregeln, zum Beispiel dürfen die Milchkühe nur mit Gras gefüttert werden, Silage ist verboten. Und ein Parmesankäse muss mindestens zwölf Monate reifen, beim Grana reichen neun.

GNOCCHI ALFONSO
mit Erbsen und Pinienkernen

ZUTATEN FÜR 4 PERSONEN

FÜR DIE GNOCCHI:
600 g mehligkochende Kartoffeln
Salz
2 EL braune Butter (siehe S. 38)
2 Eigelb
60 g doppelgriffiges Mehl
(Wiener Grießler) und etwas mehr
zum Arbeiten
50 g Weichweizengrieß
1 TL mildes Chilisalz
frisch geriebene Muskatnuss
1 Lorbeerblatt
3 Scheiben Ingwer
1 Knoblauchzehe (in Scheiben)

AUSSERDEM:
80 g Scheiben Südtiroler Speck
(ersatzweise Parma- oder
San-Daniele-Schinken)
2 EL Pinienkerne
½ TL Öl
2 Knoblauchzehen (in Scheiben)
3 Scheiben Ingwer
80 g tiefgekühlte Erbsen (aufgetaut)
mildes Chilisalz
frisch geriebene Muskatnuss
½ TL getr. Bohnenkraut
4 EL geriebener Parmesan

1 Für die Gnocchi die Kartoffeln waschen und mit der Schale in Salzwasser weich garen. Abgießen, kurz ausdampfen lassen und pellen. Noch heiß durch eine Kartoffelpresse drücken und etwa 30 Minuten abkühlen lassen.

2 Die braune Butter erwärmen. 500 g durchgedrückte Kartoffeln in eine Schüssel geben (Rest anderweitig verwenden) und die zerlassene braune Butter mit den Eigelben untermischen. Mehl und Grieß mischen, mit den Kartoffeln gleichmäßig verarbeiten und die Masse mit Chilisalz und etwas Muskatnuss würzen.

3 Den Kartoffelteig mit reichlich doppelgriffigem Mehl auf der Arbeitsfläche zu etwa 2 cm dicken Rollen formen. Mit einem Messerrücken oder einer Teigkarte in 1 bis 2 cm breite Stücke teilen.

4 In einem großen Topf reichlich Salzwasser mit Lorbeerblatt, Ingwer und Knoblauch aufkochen. Die Gnocchi darin in zwei Durchgängen so lange garen, bis sie an die Oberfläche steigen. Dann noch 2 Minuten weiter köcheln lassen, damit sie auch innen durchgegart sind. Die Gnocchi mit einem Schaumlöffel herausnehmen und gut abtropfen lassen, die ganzen Gewürze entfernen.

5 Den Speck in 1 cm breite Streifen schneiden. Die Pinienkerne in einer beschichteten Pfanne ohne Fett leicht rösten, herausnehmen und abkühlen lassen.

6 Eine große Pfanne bei mittlerer Temperatur erhitzen, das Öl mit einem Pinsel darin verstreichen und die Gnocchi mit Knoblauch und Ingwer leicht anbraten. Die Erbsen hinzufügen, mit erhitzen und alles mit Chilisalz, etwas Muskatnuss und Bohnenkraut würzen. Den Ingwer wieder entfernen.

7 Zum Servieren die Gnocchi auf vorgewärmte tiefe Teller verteilen und den Speck darüberstreuen. Nach Belieben mit 1 bis 2 EL mildem Olivenöl beträufeln, zuletzt mit gerösteten Pinienkernen und Parmesan bestreuen.

PASTA E PESTO –
Makkaroni mit Tomatenpesto

---

1 Für das Pesto die getrockneten Tomaten in wenig Wasser knapp unter dem Siedepunkt 15 bis 20 Minuten weich köcheln. In ein Sieb abgießen und gut abtropfen lassen. Die Tomate kreuzweise einritzen, überbrühen, häuten, vierteln und entkernen (die Kerne aufheben!). Die Tomatenviertel in Stücke schneiden. Die Tomaten-kerne in einem Sieb abtropfen lassen und ausdrücken, dabei den Saft auffangen. Den Knoblauch schälen und in feine Würfel schnei-den. Die weichen Trockentomaten mit Tomatenstücken und -saft, Knoblauch, Mandelblättchen, Parmesan und Olivenöl in einem hohen Rührbecher mit dem Stabmixer pürieren und das Pesto mit Chilisalz, Zucker und 1 Prise Vanillesalz abschmecken.

2 Die Nudeln in reichlich kochendem Salzwasser mit Lorbeerblatt, Ingwer und Chilischote 3 bis 4 Minuten kürzer als auf der Packung angegeben garen. In ein Sieb abgießen und abtropfen lassen, die ganzen Gewürze wieder entfernen.

3 Die Mandeln in einer beschichteten Pfanne ohne Fett goldbraun rösten, herausnehmen, etwas abkühlen lassen und grob zerstoßen.

4 Die Garnelen schälen, am Rücken entlang nicht zu tief einschnei-den und den Darm herausziehen. Die Garnelen und die Sepiolini waschen und trocken tupfen. Eine große Pfanne bei mittlerer Temperatur erhitzen und das Öl mit einem Pinsel darin verstrei-chen. Die Garnelen auf einer Seite 1 ½ bis 2 Minuten garen, dann wenden. Die Sepiolini hinzufügen und alles noch 1 bis 1 ½ Minuten garen, dabei die Sepiolini zwischendurch wenden. Die Pfanne vom Herd nehmen, Knoblauch, Ingwer, Zitronen- und Orangenschale dazugeben, alles mit Olivenöl beträufeln und mit Chilisalz würzen. Die Meeresfrüchte im Würzöl wenden und warm halten, die ganzen Gewürze wieder entfernen.

5 Zum Servieren die Nudeln mit der Brühe und etwa der Hälfte des Pestos 1 bis 2 Minuten köcheln, bis sie von der Tomatenpesto-Brühe sämig ummantelt sind. Vom Herd nehmen und das Basilikum unterrühren. Die Nudeln auf vorgewärmte Pastateller verteilen und nach Belieben mit übrigem Pesto beträufeln. Die Garnelen und Sepiolini daraufsetzen, mit Mandeln und Pistazien bestreuen.

ZUTATEN FÜR 4 PERSONEN

FÜR DAS PESTO:
100 g getr. Tomaten (nicht eingelegt)
1 Tomate
1 kleine Knoblauchzehe
1 EL geröstete Mandelblättchen
1 EL geriebener Parmesan
4 EL mildes Olivenöl
mildes Chilisalz
½–1 TL Zucker
Vanillesalz

FÜR DIE NUDELN:
500 g kleine Makkaroni (ersatzweise eine andere kurze Nudelsorte) · Salz
1 Lorbeerblatt · 3 Scheiben Ingwer
1 kleine getr. rote Chilischote
350 ml Gemüsebrühe
1 EL Basilikumblätter
(frisch geschnitten)

FÜR DIE GARNELEN:
8 Riesengarnelen
8 Sepiolini (Mini-Tintenfische; küchenfertig)
½ TL Öl
3 Knoblauchzehen (in Scheiben)
3 Scheiben Ingwer
je 1 Msp. abgeriebene unbehandelte Zitronen- und Orangenschale
2 EL mildes Olivenöl
mildes Chilisalz

AUSSERDEM:
1 EL geschälte Mandeln
1 EL grob gehackte Pistazienkerne

PENNE ALL'ARRABBIATA
mit Dicken Bohnen

ZUTATEN FÜR 4 PERSONEN

FÜR DIE SAUCE:
½ Zwiebel
1 rote Peperonischote
(ca. 15 cm, siehe Tipp)
½–1 TL Puderzucker
5 dünne Scheiben Pancetta
(ersatzweise Frühstücksspeck)
350 g passierte Tomaten
(aus der Dose)
80 ml Hühnerbrühe
2 Knoblauchzehen (in Scheiben)
Salz
1 TL Rosmarinnadeln
(frisch geschnitten)

FÜR DIE NUDELN:
120 g tiefgekühlte Dicke Bohnen
(aufgetaut)
400 g Penne
Salz
2 kleine getr. rote Chilischoten
3 Scheiben Ingwer
1 Lorbeerblatt
2 ½ EL mildes Olivenöl
200 ml Hühnerbrühe
50 g Pecorinospäne
(ersatzweise Parmesan)

1 Für die Sauce die Zwiebel schälen und in feine Würfel schneiden. Die Peperoni längs halbieren, entkernen, waschen und in feine Streifen schneiden. Den Puderzucker in einer Pfanne bei milder Hitze hell karamellisieren. Die Zwiebelwürfel und 1 Pancetta-Scheibe hinzufügen und beides einige Minuten mitdünsten.

2 Passierte Tomaten, Brühe, Knoblauch und Peperoni dazugeben, die Sauce mit Salz würzen und 3 bis 4 Minuten köcheln lassen. Zuletzt den Rosmarin unterrühren. Die mitgegarte Pancetta-Scheibe zum Servieren wieder entfernen oder nach Belieben klein schneiden und unterrühren. Die übrigen Pancetta-Scheiben in einer Pfanne ohne Fett bei mittlerer Hitze auf beiden Seiten kross braten und auf Küchenpapier abtropfen lassen.

3 Für die Nudeln die Dicken Bohnen aus der Hülle pellen (ergibt etwa 80 g). Währenddessen die Penne in reichlich kochendem Salzwasser mit Chili, Ingwer und Lorbeerblatt 2 bis 3 Minuten kürzer als auf der Packung angegeben garen. In ein Sieb abgießen und abtropfen lassen, die ganzen Gewürze wieder entfernen. Die Nudeln ausdampfen lassen und mit 2 EL Olivenöl mischen.

4 Zum Servieren die Brühe in einer tiefen Pfanne erhitzen. Die vorgegarten Penne dazugeben und 1 bis 2 Minuten garen, bis sie fast die gesamte Flüssigkeit aufgenommen haben. Zuletzt die To-matensauce hinzufügen und untermischen. Die Dicken Bohnen im restlichen Olivenöl kurz erwärmen und mit Salz würzen.

5 Die Penne auf vorgewärmten Pastatellern anrichten. Die Dicken Bohnen darauf verteilen, mit Pancetta-Scheiben garnieren und mit Pecorino bestreuen. Nach Belieben mit Rosmarinspitzen garnieren.

TIPP Sie können die Peperonischote auch vorher längs halbieren, entkernen, waschen und dann am Stück in die Sauce legen. Auf diese Weise haben Sie eine bessere Kontrolle über den Schärfe-grad. Denn sobald die Sauce für Ihren Geschmack ausreichend scharf ist, nehmen Sie die Schotenhälften einfach wieder heraus.

SPAGHETTI
mit Gorgonzola und Speck

FÜR DIE SAUCE:
¼ l Hühnerbrühe
(ersatzweise Gemüsebrühe)
200 g Sahne
milde Chiliflocken
½ fein geriebene Knoblauchzehe
1 Msp. fein geriebener Ingwer
200 g Gorgonzola
3 cm Vanilleschote
frisch geriebene Muskatnuss
1 Stück Zimtrinde zum Reiben

FÜR DIE NUDELN:
400 g Spaghetti · Salz
2 Lorbeerblätter
1 kleine getr. rote Chilischote
5 Scheiben Ingwer
2 EL mildes Olivenöl

AUSSERDEM:
80 g Südtiroler Speck
(in Scheiben, ersatzweise
Parmaschinken)
1 rotschalige, reife Birne
½–1 TL Puderzucker
6 vorgegarte Maronen
(vakuumverpackt)
3–4 EL Hühnerbrühe · mildes Chilisalz
1 EL Petersilienblätter
(frisch geschnitten)
Pfeffer aus der Mühle

1 Für die Sauce die Brühe und die Sahne in einem kleinen Topf erhitzen. Mit 1 Prise Chiliflocken, Knoblauch und Ingwer würzen und alles in einen hohen Rührbecher geben.

2 Den Gorgonzola zerkleinern, in den Rührbecher dazugeben und alles mit dem Stabmixer glatt pürieren. Die warme Mischung in eine große tiefe Pfanne geben und die Vanilleschote hinzufügen. Alles mit etwas Muskatnuss würzen und 1 Msp. Zimt darüberreiben.

3 Für die Nudeln die Spaghetti in reichlich kochendem Salzwasser mit Lorbeerblättern, Chilischote und Ingwer 2 bis 3 Minuten kürzer als auf der Packung angegeben garen. In ein Sieb abgießen und abtropfen lassen, die ganzen Gewürze wieder entfernen. Die Nudeln ausdampfen lassen und mit dem Olivenöl mischen.

4 Den Speck in feine Streifen schneiden. Die Birne waschen, vierteln und entkernen. Die Birnenviertel in schmale Spalten schneiden. Den Puderzucker in einer Pfanne bei milder Hitze hell karamellisieren und die Birnenspalten darin auf beiden Seiten andünsten. Die Maronen halbieren und in der Brühe erhitzen.

5 Zum Servieren die Spaghetti in der Gorgonzolasauce so lange erhitzen, bis sie von der Sauce rundherum sämig ummantelt sind. Nach Belieben alles mit Chilisalz abschmecken, die Vanilleschote wieder entfernen.

6 Die Spaghetti auf vorgewärmte Pastateller verteilen, die Birnenspalten daraufsetzen und die Speckstreifen darüberstreuen. Jeweils mit 3 Maronihälften garnieren und mit Petersilienblättern und Pfeffer bestreuen.

TIPP Nach Belieben können Sie nochmals 80 g Gorgonzola über die angerichteten Spaghetti zupfen.

PASTA VERDURE
mit Brokkoli

ZUTATEN FÜR 4 PERSONEN

FÜR DAS GEMÜSE:
200 g Broccolini (Stängelbrokkoli;
ersatzweise Brokkoli)
Salz
150 g Cocktailtomaten
120 g Champignons (ersatzweise
Egerlinge, Pfifferlinge, Steinpilze)
2 EL Pinienkerne
70 g tiefgekühlte Erbsen (aufgetaut)

FÜR DIE NUDELN:
300 g Muschelnudeln · Salz
1 Lorbeerblatt
1 Knoblauchzehe (in Scheiben)
3 Scheiben Ingwer
1 kleine getr. rote Chilischote
350 ml Gemüsebrühe
1–2 EL Bruschetta-Gewürz

AUSSERDEM:
1 EL Petersilienblätter
(frisch geschnitten)
mildes Chilisalz
2 EL mildes Olivenöl
4 EL geriebener Parmesan
(ersatzweise Pecorino oder
ein anderer Hartkäse)

1 Für das Gemüse den Broccolini putzen, angetrocknete Enden abschneiden und welke Blätter entfernen. Die Stängel waschen und in etwa 3 cm lange Stücke schneiden. In kochendem Salzwasser 2 bis 3 Minuten noch leicht bissfest garen. In ein Sieb abgießen, kalt abschrecken und abtropfen lassen.

2 Die Tomaten waschen und halbieren. Die Pilze putzen, trocken abreiben und je nach Größe vierteln oder achteln. (Pfifferlinge gründlich putzen, falls nötig, waschen und trocken tupfen.)

3 Die Pinienkerne in einer beschichteten Pfanne ohne Fett bei mittlerer Hitze goldbraun rösten, herausnehmen und abkühlen lassen.

4 Die Nudeln in reichlich kochendem Salzwasser mit Lorbeerblatt, Knoblauch, Ingwer und Chilischote 4 Minuten kürzer als auf der Packung angegeben garen. In ein Sieb abgießen, abtropfen lassen und sofort weiter verarbeiten, die ganzen Gewürze entfernen.

5 Zum Servieren die Brühe mit dem Bruschetta-Gewürz in einer tiefen Pfanne erhitzen. Die vorgegarten Nudeln hinzufügen und 1 bis 2 Minuten garen, bis sie fast die gesamte Flüssigkeit aufgenommen haben. Broccolini, Tomaten, Pilze und Erbsen hinzufügen und darin kurz erhitzen.

6 Die Petersilie hinzufügen und alles mit Chilisalz würzen. Auf vorgewärmte Pastateller verteilen, mit Olivenöl beträufeln und mit Parmesan und Pinienkernen bestreuen.

TIPP Falls Sie die Nudeln schon früher vorbereiten möchten, am besten nach dem Garen und Abtropfen auf einem Backblech ausbreiten, ausdampfen lassen und mit 1 EL mildem Olivenöl mischen.

SPAGHETTI VONGOLE
im Gemüsesud

---

1 Für den Gemüsesud Zwiebel und Karotte schälen, die Zwiebel fein würfeln, die Karotte in dünne Scheiben hobeln. Die Selleriestangen waschen und in dünne Scheiben hobeln. Die Pfefferkörner und Fenchelsamen in eine Gewürzmühle füllen.

2 Den Puderzucker in einem Topf bei milder Hitze hell karamellisieren und das Gemüse darin andünsten. Den Likör und den Wein dazugießen, das Lorbeerblatt hinzufügen und alles auf die Hälfte einkochen lassen. Die Brühe mit Knoblauch, Ingwer und Zitronenschale dazugeben und alles 5 Minuten mehr ziehen als köcheln lassen. Dann Ingwer und Zitronenschale wieder entfernen. Die kalte Butter in Stücken unterrühren und den Sud mit Chilisalz und der Mischung aus der Gewürzmühle würzen.

3 Die Muscheln unter fließendem kaltem Wasser gründlich säubern, bereits geöffnete Muscheln aussortieren. Die Muscheln in einem Topf in etwas kochendem Salzwasser mit geschlossenem Deckel etwa 2 Minuten dämpfen, bis sie sich öffnen. Mit einem Schaumlöffel herausnehmen, dabei noch geschlossene Muscheln ebenfalls entfernen. Das Muschelfleisch auslösen, nach Belieben einige Muscheln zum Garnieren in der Schale lassen.

4 Die Nudeln in reichlich kochendem Salzwasser mit Lorbeerblatt, Knoblauch und Chilischote 3 bis 4 Minuten kürzer als auf der Packung angegeben garen. In ein Sieb abgießen und abtropfen lassen, die ganzen Gewürze wieder entfernen.

5 Zum Servieren die Nudeln im Gemüsesud so lange erhitzen, bis sie fast die gesamte Flüssigkeit aufgenommen haben. Muscheln, Petersilie, Basilikum und Olivenöl untermischen, alles mit der Mischung aus der Gewürzmühle und Chilisalz würzen und nach Belieben mit etwas Likör beträufeln. Auf vorgewärmte Pastateller verteilen und nach Belieben mit Muscheln in der Schale garnieren.

TIPP Für „Muscheln im Gemüsesud" – ohne Pasta – die frisch gedämpften Muscheln kurz mit dem warmen Gemüsesud mischen und in tiefe Teller verteilen. (Für 4 Personen rechnet man in etwa 2 kg Venusmuscheln auf das angegebene Gemüsesudrezept.)

ZUTATEN FÜR 4 PERSONEN

FÜR DEN GEMÜSESUD:
½ Zwiebel
½–1 dünne Karotte
2 Stangen Staudensellerie
2 TL schwarze Pfefferkörner
und 1 TL Fenchelsamen für
die Gewürzmühle
½ TL Puderzucker
40 ml Anislikör (z. B. Sambucca)
80 ml Weißwein
1 Lorbeerblatt
350 ml Gemüsebrühe
1 Knoblauchzehe (in Scheiben)
2 Scheiben Ingwer
1 Streifen unbehandelte Zitronenschale
30 g kalte Butter
mildes Chilisalz

FÜR DIE MUSCHELN:
1 kg Venusmuscheln
(ergibt ca. 120 g Muschelfleisch)
Salz

AUSSERDEM:
400 g dünne Spaghetti · Salz
1 Lorbeerblatt
1 Knoblauchzehe (in Scheiben)
1 kleine getr. rote Chilischote
je 1 EL Petersilien- und Basilikumblätter (frisch geschnitten)
2 EL mildes Olivenöl
mildes Chilisalz

GARNELEN-TORTELLINI
auf buntem Salat

ZUTATEN FÜR 4 PERSONEN

FÜR DEN NUDELTEIG:

200 g doppelgriffiges Mehl (Wiener
Grießler) · 2 kleine Eier (100 g)
1 EL neutrales Öl · Salz

FÜR DIE FÜLLUNG:

300 g Garnelen (ohne Kopf und Schale)
¼ rote Peperoni (ersatzweise
¼ TL milde Chiliflocken)
1 fein geriebene Knoblauchzehe
½ TL fein geriebener Ingwer
½ TL abgeriebene unbehandelte
Zitronenschale
je 1 TL Dillspitzen, Minze- und Petersilienblätter (frisch geschnitten)
Salz · Pfeffer aus der Mühle · Zucker
frisch geriebene Muskatnuss

AUSSERDEM:

doppelgriffiges Mehl zum Arbeiten
1 Eiweiß · Salz · 100 g Cocktailtomaten
1 Mini-Romana · 2 Handvoll Salanova
4 große Radicchioblätter
1–2 EL schwarze Oliven (ohne Stein)
5 Minzeblätter (in Streifen geschnitten)
1 Msp. abgeriebene unbehandelte
Zitronenschale · 1 EL Zitronensaft
1–2 EL mildes Olivenöl · mildes Chilisalz
Pfeffer aus der Mühle · Zucker
4 EL braune Butter (siehe S. 38)
2 Splitter Zimtrinde · 3 Lorbeerblätter
5 angedrückte Kardamomkapseln
2 kleine getr. rote Chilischoten
2 Knoblauchzehen (in Scheiben)
3 Scheiben Ingwer

1 Für den Nudelteig alle Zutaten mit 1 Prise Salz in der Küchen-maschine zu einem glatten, elastischen Teig verkneten. Je nach Konsistenz noch etwas Mehl oder Wasser hinzufügen. Den Teig in Frischhaltefolie wickeln und 30 Minuten ruhen lassen. Inzwischen für die Füllung die Garnelen am Rücken entlang nicht zu tief ein-schneiden und den Darm entfernen. Die Garnelen waschen, trocken tupfen und klein würfeln. Die Peperoni entkernen, waschen und sehr klein würfeln. Peperoni, Knoblauch, Ingwer, Zitronenschale und Kräuter zu den Garnelen geben und mischen. Mit Salz, Pfeffer und je 1 Prise Zucker und Muskatnuss würzen.

2 Den Nudelteig in vier Portionen teilen und jeweils mit der Nudel-maschine oder dem Nudelholz zu dünnen, langen Teigplatten von 10 bis 12 cm Breite ausrollen, dabei mit etwas Mehl bestäuben. Das Eiweiß mit 1 Prise Salz verquirlen und die Teigplatten damit bestreichen. Die Füllung mit einem Teelöffel im Abstand von 3 bis 4 cm entlang der beiden Längsseiten mit etwas Abstand zum Rand als Häufchen auf die Teigplatten setzen. Die Teigränder über die Füllung schlagen, rund um die Füllungen herum etwas andrücken. Mit einem runden Ausstecher von etwa 5 cm Durchmesser halb-mondförmige Ravioli ausstechen. Jeden Ravioli aufnehmen und die Luft um die Füllung herum nochmals etwas herausdrücken. Die beiden spitzen Enden an der Faltkante über einen Zeigefinger zueinanderdrehen und zusammendrücken. Die Tortellini auf gut bemehlte Tabletts setzen und bis zur Zubereitung kühl lagern.

3 Für den Salat die Tomaten waschen. Den Romanasalat in Blätter teilen, äußere Blätter entfernen. Romana, Salanova und Radicchio waschen, trocken schleudern und in mundgerechte Stücke zupfen. Tomaten, Salate, Oliven und Minze mischen und mit Zitronenschale und -saft, Olivenöl, Chilisalz, Pfeffer und 1 Prise Zucker marinieren. Braune Butter in einer Pfanne mit Zimt, 1 Lorbeerblatt, Kardamom, 1 Chili und 1 Knoblauchzehe erwärmen. Die Tortellini in reichlich kochendem Salzwasser mit übrigen 2 Lorbeerblättern, Ingwer, restlicher Knoblauchzehe und übriger Chili 2 bis 3 Minuten bissfest garen. In ein Sieb abgießen und abtropfen lassen, Gewürze ent-fernen. Tortellini in der Gewürzbutter wenden. Zum Servieren den Salat und die Tortellini auf vorgewärmte Teller verteilen.

Italien ist vermutlich das einzige Land, das den kulinarischen Dingen auch im akademischen Sinn Aufmerksamkeit verleiht. Zum Beispiel gibt es in Mailand eine eigene Küchenakademie, die sich nur den Originalrezepten widmet. Hier werden alle Nudelsorten katalogisiert, hier werden viele Rezepturen der Saucen archiviert. Doch damit nicht genug. Wenige Kilometer südlich von Turin hat die Slow-Food-Bewegung eine eigene auch staatlich anerkannte Privatuniversität installiert, die sich nur dem

Nudeln & Gnocchi

guten (italienischen) Geschmack widmet. Sie heißt „Università degli Studi di Scienze Gastronomiche" und hat sogar eine eigene Weinbank, in der die edelsten Tropfen italienischer Winzerkunst aufgehoben werden. Student müsste man sein. Und Geld haben. Denn die Kosten sind enorm: Der Studiengang ist auf 60 Plätze pro Jahr beschränkt und die Jahresstudiengebühr liegt bei rund 20 000 Euro.

Wie kocht man Nudeln richtig?

Zugegeben, jetzt wird es erstmals richtig ernst in diesem Buch. Denn die Frage, wie man Nudeln richtig kocht, zählt zu den vertracktesten Dingen überhaupt. Fragt man fünf Köche, bekommt man sieben Antworten. Merke: Viele Köche verderben die Antwort, dabei gibt es ein paar ganz einfache Tricks. Salzen: Das ist noch das Einfachste. Am besten nimmt man einen Schluck Meerwasser im Urlaub und merkt sich diesen Geschmack. Genauso muss auch das Nudelwasser schmecken. Kochzeit: Hier können wir uns jetzt ganz entspannt zurücklehnen. Mindestens so viel Zeit hernehmen, wie auf der Nudelpackung steht und dann je nach Al-dente-Wunsch aus dem Wasser holen. Komplizierter wird es bei der Frage, ob die Nudeln dann direkt auf den Teller sollen, oder ob man sie, kurz bevor sie al dente sind, noch einmal in einer Pfanne mit Olivenöl schwenkt. Wobei das – finalmente, letztendlich – einfach eine Frage des Geschmacks ist: Die Pfannen-Nudeln sind ein wenig knackiger, nehmen aber durch die Ölschicht nicht ganz so gut die Sauce auf. Wir finden: Hauptsache Pasta – und basta.

Von wegen Bolognese – Ragù heißt diese Sauce

Und schon wieder müssen wir einen Begriff auf die schwarze Liste setzen, weil ihn die Italiener eigentlich nicht verstehen, höchstens den Touristen zuliebe. Denn Spaghetti bolognese gibt es südlich des Brenners nicht. Sie heißen dort Ragù. Und zwar egal, ob die Sauce aus Hack oder aus ganz klein geschnittenen Fleischstücken besteht. Leider kriegt man das Ragù in Deutschland nie so hin wie in Italien. Denn die meisten Metzger hierzulande drehen das Hack zu fein durch den Fleischwolf.

Und wie spricht man eigentlich diese Gnocchi aus?

Gutturale Entgleisungen sind bei der Aussprache der Gnocchi an der Tagesordnung. Während „Knochi" noch nahe an der Realität sind, sträubt es den Italienern sämtliche Haare, wenn sie „Gnotschi" hören. Richtig sagt man Gnocchi, wenn man am Anfang ein lang gedehntes „nj" vorausschickt, begleitet von einem knackigen „oki" – ok? Gnocchi sind im übrigen falsche Nudeln. Denn sie werden nicht aus Hartweizengrieß, sondern aus Kartoffel- oder Weizenmehlteig gemacht.

KRÄUTER-RISOTTO
mit Garnelen

ZUTATEN FÜR 4 PERSONEN

FÜR DEN RISOTTO:
250 g Risotto-Reis
(am besten Vialone nano)
¾ l Gemüsebrühe (bei Bedarf etwas
mehr zum Nachgießen)
mildes Chilisalz

FÜR DAS PESTO:
80 g Babyspinat · Salz
80 g Basilikumblätter
1 EL geriebener Parmesan
1 EL geröstete Mandelblättchen
1 fein geriebene Knoblauchzehe
1 Msp. abgeriebene unbehandelte
Zitronenschale
80 ml mildes Olivenöl
2 TL schwarze Pfefferkörner
und 1 TL Fenchelsamen für
die Gewürzmühle
mildes Chilisalz

FÜR DIE GARNELEN:
12 Riesengarnelen · ½ TL Öl
2 Knoblauchzehen (in Scheiben)
3 Scheiben Ingwer
3 cm Vanilleschote
1 Splitter Zimtrinde
3 angedrückte Kardamomkapseln
je 2 Streifen unbehandelte Zitronen-
und Orangenschale
2 EL mildes Olivenöl
mildes Chilisalz

1 Für den Risotto den Reis mit der Brühe in einen Topf geben. Mit einem Blatt Backpapier bedecken und knapp unter dem Siedepunkt 18 bis 20 Minuten garen, bis der Reis die Flüssigkeit gerade aufgenommen hat. Je nach Bedarf noch etwas Brühe nachgießen.

2 Inzwischen für das Pesto den Spinat waschen, trocken tupfen und in kochendem Salzwasser etwa 2 Minuten blanchieren. In ein Sieb abgießen, kalt abschrecken und mit den Händen das übrige Wasser gut ausdrücken.

3 Das Basilikum waschen, trocken tupfen, die Blätter abzupfen und mit Spinat, Parmesan, Mandelblättchen, Knoblauch, Zitronenschale und Olivenöl ebenfalls in den Blitzhacker geben. Pfefferkörner und Fenchelsamen in eine Gewürzmühle füllen. Alles mit Chilisalz und der Mischung aus der Gewürzmühle würzen und zu einer feinen Paste pürieren.

4 Die Garnelen bis auf den Schwanzfächer schälen, am Rücken entlang nicht zu tief einschneiden und den Darm herausziehen. Die Garnelen waschen und trocken tupfen.

5 Eine große Pfanne bei mittlerer Temperatur erhitzen und das Öl mit einem Pinsel darin verstreichen. Die Garnelen in der Pfanne auf einer Seite 1½ bis 2 Minuten garen, dann wenden und noch 1 bis 1½ Minuten braten.

6 Die Pfanne vom Herd nehmen und Knoblauch, Ingwer, Vanille, Zimt, Kardamom, Zitronen- und Orangenschalenstreifen hinzufügen. Alles mit Olivenöl beträufeln und mit Chilisalz würzen, dann die Garnelen darin wenden. Ganze Gewürze wieder entfernen.

7 Zum Servieren etwa die Hälfte des Pestos unter den Risotto ziehen (Rest anderweitig verwenden). Den grünen Risotto auf vorgewärmte Teller verteilen und die Garnelen darauf anrichten.

GEBRATENER SEETEUFEL
mit Oliven-Peperonata

1 Für die Peperonata die Zwiebeln schälen und in etwa 1½ cm
große Rauten schneiden. Die Paprikaschoten längs vierteln, entkernen und waschen. Die Viertel mit dem Sparschäler schälen und
in etwa 1½ cm große Rauten schneiden.

2 Die Zwiebel- und Paprikarauten in einem Topf ohne Fett bei
milder Hitze kurz andünsten. Die passierten Tomaten und den
Knoblauch hinzufügen, alles mit einem Blatt Backpapier bedecken
und knapp unter dem Siedepunkt etwa 30 Minuten weich garen.
Dabei etwa 15 Minuten vor Ende der Garzeit noch das Lorbeerblatt
und die Chilischote dazugeben.

3 Inzwischen die Oliven vierteln. Mit dem Olivenöl, Rosmarin
und Orangenschale unter die fertige Peperonata rühren, mit Salz
abschmecken, Lorbeer und Chili wieder entfernen.

4 Für den Seeteufel die Fischstücke waschen und trocken tupfen.
Eine Pfanne bei mittlerer Temperatur erhitzen und das Öl mit einem
Pinsel darin verstreichen. Die Seeteufelstücke etwa 2 Minuten
anbraten, wenden und noch 1 Minute weiterbraten. Die Pfanne vom
Herd nehmen und den Fisch in der Nachhitze der Pfanne noch 1 bis
2 Minuten saftig ziehen lassen.

5 Zum Servieren die Kräuterblätter waschen und trocken tupfen.
Das Olivenöl und die Zitronenschale zum Seeteufel hinzufügen,
alles mit Chilisalz würzen und die Fischstücke im Würzöl nochmals
rundherum wenden. Die Peperonata auf vorgewärmte Teller
verteilen und die Seeteufelstücke daraufsetzen. Zuletzt mit den
Kräuterblättern garnieren.

ZUTATEN FÜR 4 PERSONEN

FÜR DIE PEPERONATA:
2 mittelgroße Zwiebeln
1 große gelbe Paprikaschote
3 große rote Paprikaschoten
150 g passierte Tomaten
(aus der Dose)
2 Knoblauchzehen (in Scheiben)
1 Lorbeerblatt
1 kleine getr. rote Chilischote
je 1 EL grüne und schwarze Oliven
(ohne Stein)
1 EL mildes Olivenöl
1 TL Rosmarinnadeln
(frisch geschnitten)
1 Msp. abgeriebene unbehandelte
Orangenschale · Salz

FÜR DEN SEETEUFEL:
12 Scheiben Seeteufelfilet (à ca. 30 g)
½ TL Öl · 2 EL mildes Olivenöl
1 TL abgeriebene unbehandelte
Zitronenschale
mildes Chilisalz

AUSSERDEM:
einige gemischte Kräuterblätter zum
Garnieren (z. B. Kerbel, Mini-Basilikum)

BRANZINO
mit Proseccosauce und Limettenspinat

ZUTATEN FÜR 4 PERSONEN

FÜR DEN BRANZINO:
je 1 TL Fenchelsamen, Koriander-
und schwarze Pfefferkörner sowie
½ TL Zimtrindensplitter für die
Gewürzmühle
600 g Wolfsbarschfilet
(Branzino; mit Haut)
1 TL Öl
mildes Chilisalz

FÜR DIE SAUCE:
2 TL Puderzucker
125 ml Prosecco
125 ml Gemüsebrühe
100 g Sahne
½–1 TL Speisestärke
1 kleines Lorbeerblatt
2–3 Knoblauchscheiben
1 Streifen unbehandelte Limettenschale
1 kleiner Splitter Zimtrinde
2 EL kalte Butter
Salz
mildes Chilipulver

FÜR DEN SPINAT:
2 EL Pinienkerne
4 kleine feste Champignons
400 g Babyspinat
1 TL Limettensaft
abgeriebene Schale von 1 unbehandelten Limette
1 EL mildes Olivenöl
mildes Chilisalz

1 Für den Branzino Fenchelsamen, Koriander-, Pfefferkörner und Zimtrindensplitter in eine Gewürzmühle füllen. Die Fischfilets waschen, trocken tupfen und in 4 oder 8 gleich große Stücke schneiden.

2 Eine Pfanne bei mittlerer Temperatur erhitzen und das Öl mit einem Pinsel darin verstreichen. Die Fischfilets auf der Hautseite 3 bis 4 Minuten kross anbraten. Die Filets mit der Mischung aus der Gewürzmühle würzen und wenden. Die Pfanne vom Herd nehmen und die Filets in der Nachhitze der Pfanne saftig ziehen lassen. Die Hautseite ebenfalls mit der Mischung aus der Gewürzmühle und Chilisalz würzen, dann auf Küchenpapier abtropfen lassen.

3 Für die Sauce den Puderzucker in einem Topf bei milder Hitze hell karamellisieren. Den Prosecco dazugießen und die Flüssigkeit auf ein Drittel bis ein Viertel einköcheln lassen. Die Brühe dazugießen und wieder auf ein Drittel einköcheln lassen. Die Sahne unterrühren und erhitzen. Die Speisestärke mit etwas kaltem Wasser glatt rühren, in die Sauce geben und köcheln lassen, bis diese sämig bindet.

4 Lorbeerblatt, Knoblauch, Limettenschale und Zimtrindensplitter hinzufügen und einige Minuten darin ziehen lassen. Dann die Sauce durch ein Sieb in einen kleinen Topf gießen, die Gewürze wieder entfernen. Die kalte Butter mit dem Stabmixer unterrühren und die Sauce mit Salz und 1 Prise Chilipulver abschmecken.

5 Für den Spinat die Pinienkerne in einer Pfanne ohne Fett hell rösten, herausnehmen und abkühlen lassen. Die Pilze putzen und trocken abreiben. Den Spinat verlesen, waschen und abtropfen lassen. In einer tiefen Pfanne ohne Fett 1 bis 2 Minuten etwas zusammenfallen lassen und in eine Schüssel füllen. Pilze darüberhobeln, Pinienkerne hinzufügen. Limettensaft und -schale sowie Olivenöl hinzufügen, mit Chilisalz würzen und alles gut mischen.

6 Zum Servieren den Spinat auf vorgewärmte tiefe Teller verteilen. Die Sauce mit dem Stabmixer kurz aufschäumen und darum herumträufeln. Die Fischfilets mit der Hautseite nach oben daraufsetzen.

SALTIMBOCCA VOM SEETEUFEL
mit Spargel-Bohnen-Gemüse

ZUTATEN FÜR 4 PERSONEN

FÜR DAS GEMÜSE:
120 g tiefgekühlte Dicke Bohnen
(aufgetaut)
100 g weiße Bohnen
(aus Dose oder Glas)
100 g Cocktailtomaten
½ Fenchelknolle
½ Bund grüner Spargel
(dicke Stangen)
½ Bund weißer Spargel
(dünne Stangen, außerhalb der Saison
ersatzweise grüner Spargel)
80 ml Gemüsebrühe
1 EL kalte Butter
1 EL mildes Olivenöl
je 1–2 TL Dillspitzen, Basilikum- und
Petersilienblätter (frisch geschnitten)
mildes Chilisalz

FÜR DEN SEETEUFEL:
8 Basilikumblätter
(ersatzweise Salbeiblätter)
450 g Seeteufelfilet
(ohne Haut und Gräten)
8 dünne Scheiben Pancetta
(ersatzweise Parmaschinken)
½ TL Öl
Pfeffer aus der Mühle

1 Für das Gemüse die Dicken Bohnen aus der Hülle pellen (ergibt etwa 80 g). Die weißen Bohnen in einem Sieb abbrausen und abtropfen lassen. Die Tomaten waschen, vierteln und nach Belieben die Kerne entfernen.

2 Den Fenchel putzen, waschen und in 1 bis 1½ cm große Stücke schneiden. Den Spargel waschen, den weißen Spargel ganz, den grünen nur im unteren Drittel schälen. Die holzigen Enden jeweils entfernen und beide Spargelsorten schräg in 1 cm breite Stücke schneiden.

3 Den Fenchel und beide Spargelsorten mit der Brühe in eine große tiefe Pfanne geben, mit einem Blatt Backpapier bedecken und knapp unter dem Siedepunkt 5 bis 6 Minuten gerade weich garen. Weiße Bohnen, Dicke Bohnen und Tomaten dazugeben und kurz erhitzen. Die kalte Butter in Stücken und das Olivenöl unterrühren. Die Kräuter hinzufügen und alles mit Chilisalz würzen.

4 Für den Seeteufel das Basilikum waschen und trocken tupfen. Den Seeteufel waschen, trocken tupfen und in 8 Scheiben schneiden. Jede Scheibe mit 1 Basilikumblatt belegen und mit 1 Pancetta-Scheibe umwickeln.

5 Eine Pfanne bei mittlerer Temperatur erhitzen, das Öl mit einem Pinsel darin verstreichen und die Seeteufelpäckchen auf jeder Seite 1 bis 2 Minuten braten. Auf Küchenpapier abtropfen lassen und mit Pfeffer würzen.

6 Zum Servieren das Gemüse auf vorgewärmte Teller verteilen und die Seeteufel-Saltimbocca darauf anrichten.

HÄHNCHENKEULEN
mit Kartoffelgröstel

———————

ZUTATEN FÜR 4 PERSONEN

1 Knoblauchknolle
Salz
6–8 Zweige Rosmarin
4 Hähnchenkeulen (à ca. 200 g)
1 kg festkochende Kartoffeln
(am besten Mini-Kartoffeln)
1 Lorbeerblatt
1 kleine getr. rote Chilischote
3 Scheiben Ingwer
½ Bund dünne Frühlingszwiebeln
150 g Artischockenherzen
(aus dem Glas)
150 g Cocktailtomaten
1 Handvoll kleine Pfifferlinge
1 EL Öl
1 TL getr. ital. Kräuter (ersatzweise
je 1 Prise getr. Oregano, Rosmarin,
Thymian, Bohnenkraut und Majoran)
1 Zweig Thymian
mildes Chilisalz
1 Msp. abgeriebene unbehandelte
Zitronenschale

1 Den Backofen auf 160 °C vorheizen. Die Knoblauchknolle in einzelne Zehen zerteilen, 2 Zehen schälen und mit 50 ml Wasser und ½ TL Salz pürieren. Die übrigen Knoblauchzehen ungeschält mit den Rosmarinzweigen in einem Bräter verteilen.

2 Die Hähnchenkeulen nach Belieben am Gelenk halbieren, dann waschen und trocken tupfen. Die Keulen rundherum mit dem Knoblauchwasser bestreichen und mit der Fleischseite auf das Rosmarinbett legen. Im Ofen auf der mittleren Schiene etwa 35 Minuten garen. Anschließend die Backofentemperatur auf 220 bis 230 °C erhöhen und die Keulen noch 10 bis 15 Minuten kross braten.

3 Inzwischen die Kartoffeln schälen, waschen und in einem Topf in Salzwasser mit Lorbeerblatt, Chili und Ingwer gerade weich garen. Die Kartoffeln abgießen und ausdampfen lassen.

4 Die Frühlingszwiebeln putzen, waschen und schräg in 1 bis 2 cm lange Stücke schneiden. Die Artischockenherzen abtropfen lassen und vierteln. Die Tomaten waschen, halbieren und nach Belieben die Kerne entfernen. Die Pfifferlinge putzen, falls nötig, waschen und trocken tupfen.

5 Das Öl in einer großen Pfanne bei mittlerer Temperatur erhitzen und die Kartoffeln darin rundherum goldbraun anbraten. Die Frühlingszwiebeln mit Artischockenherzen, Tomaten und Pfifferlingen dazugeben, die Kräuter hinzufügen und alles 3 bis 4 Minuten mitgaren. Zuletzt das Gröstel mit Chilisalz und Zitronenschale würzen, den Thymianzweig wieder entfernen.

6 Zum Servieren das Gröstel auf vorgewärmte Teller verteilen und die Hähnchenkeulen dazulegen.

BRATHÄHNCHEN
mit Feigen-Mango-Salat

---

1 Für das Hähnchen den Backofen auf 160 °C vorheizen. Die Poularde innen und außen waschen und trocken tupfen. Die Zwiebel schälen, Zitrone und Apfel waschen und alles in 1 bis 2 cm große Stücke schneiden. Die Petersilie waschen, trocken schütteln und samt Stielen klein schneiden. Den Knoblauch schälen und in Scheiben schneiden. Zwiebel, Zitrone, Apfel, Petersilie und Knoblauch mischen und die Poularde damit füllen.

2 Die zerlassene Butter mit Salz würzen, die Poularde damit rundherum bestreichen und in einen Bräter setzen. Die Poularde im Ofen auf der unteren Schiene etwa 1½ Stunden garen. Die Backofentemperatur auf 200 °C erhöhen und die Poularde im Ofen noch 25 Minuten kross braten. Dabei zwischendurch nochmals mit Butter bestreichen.

3 Inzwischen für den Salat die Mango schälen, in Scheiben schneiden und diese halbieren. Die Erdbeeren waschen, putzen und in Spalten schneiden. Von den Feigen den Stiel entfernen, die Feigen waschen, nach Belieben schälen und in Spalten schneiden. Den Castell franco putzen, waschen, trocken schleudern und in mundgerechte Stücke zupfen. Die Maronen vierteln.

4 Alle Salatzutaten in eine Schüssel geben. Mit Zitronen- und Orangensaft und Olivenöl mischen und den Salat zuletzt mit Chilisalz und 1 Prise Zucker würzen.

5 Zum Servieren das Hähnchen aus dem Ofen nehmen, Keulen und Brüstchen abtrennen und jeweils halbieren. Die Hähnchenstücke auf vorgewärmte Teller verteilen und den Salat dazu servieren.

TIPP Durch die Apfel-Zitronen-Füllung wird das Brathähnchen besonders saftig und aromatisch.

ZUTATEN FÜR 4 PERSONEN

FÜR DAS HÄHNCHEN:
1 Poularde (Masthähnchen; ca. 1½ kg)
½ kleine Zwiebel
½ unbehandelte Zitrone
½ Apfel
6 Stiele Petersilie
6 Knoblauchzehen
50 g zerlassene Butter
Salz

FÜR DEN SALAT:
½ reife Mango
80 g Erdbeeren
2 frische Feigen
1 kleiner Castell-franco-Salat
100 g vorgegarte Maronen (vakuumverpackt)
1–2 EL Zitronensaft
2 EL Orangensaft
2 EL mildes Olivenöl
mildes Chilisalz
Zucker

PERLHUHNBRUST
alla cacciatora

ZUTATEN FÜR 4 PERSONEN

FÜR DIE TOMATENSAUCE:
½ Zwiebel
½ kleine Karotte (geschält, ca. 30 g)
½ TL Puderzucker
1 TL Tomatenmark
400 g passierte Tomaten
(aus der Dose)
80 ml Gemüsebrühe
1 fein geriebene Knoblauchzehe
2 EL mildes Olivenöl
1 TL Rosmarinnadeln
(frisch geschnitten)
mildes Chilisalz

AUSSERDEM:
4 Perlhuhnbrustfilets
(à ca. 100 g; ohne Haut)
2 Handvoll Waldpilze (ca. 200 g,
z. B. kleine feste Steinpilze oder kleine
Pfifferlinge, außerhalb der Saison
Zuchtpilze wie Champignons)
4 dünne Frühlingszwiebeln
1–2 TL Öl
mildes Chilisalz
1 EL mildes Olivenöl
Pfeffer aus der Mühle

1 Für die Tomatensauce die Zwiebel schälen und in feine Würfel schneiden. Die Karotte in feine Würfel schneiden. Den Puderzucker in einem Topf bei milder Hitze hell karamellisieren und Zwiebel- und Karottenwürfel darin einige Minuten andünsten. Das Tomatenmark dazugeben und kurz mitdünsten. Die passierten Tomaten und die Brühe hinzufügen und alles etwa 20 Minuten köcheln lassen.

2 Dann die Knoblauchzehe dazugeben und alles im Topf mit dem Stabmixer fein pürieren, dabei das Olivenöl hineinlaufen lassen. Den Rosmarin unterrühren und die Tomatensauce mit Chilisalz würzen, warm halten.

3 Inzwischen die Perlhuhnbrustfilets waschen und trocken tupfen, zuerst schräg in 6 bis 8 mm dicke Scheiben schneiden und diese dann jeweils halbieren. Die Pilze putzen und trocken abreiben (Pfifferlinge gründlich putzen, falls nötig, waschen und trocken tupfen). Die Steinpilze in etwa ½ cm dünne Scheiben schneiden. Die Frühlingszwiebeln putzen, waschen und schräg in ½ cm dünne Ringe schneiden.

4 Eine große Pfanne bei mittlerer Temperatur erhitzen und ½ TL Öl mit einem Pinsel darin verstreichen. Die Perlhuhnscheiben etwa 1½ Minuten anbraten, wenden und noch ½ Minute weiter braten. Die Pfanne vom Herd nehmen und das Fleisch in der Nachhitze der Pfanne saftig ziehen lassen. Mit Chilisalz würzen.

5 Eine weitere große Pfanne bei mittlerer Temperatur erhitzen, das übrige Öl mit einem Pinsel darin verstreichen und die Pilze etwa 3 Minuten goldbraun anbraten. Nach etwa 2 Minuten die Frühlingszwiebeln dazugeben. Zuletzt das Perlhuhnfleisch hinzufügen und nochmals kurz erhitzen. Das Olivenöl untermischen und alles mit Chilisalz und Pfeffer würzen.

6 Zum Servieren die Tomatensauce auf vorgewärmte Teller verteilen und das Perlhuhn mit den Pilzen darauf anrichten.

TIPP In manchen Gegenden Italiens kommen noch Kapern(äpfel) und schwarze Oliven unter die Cacciatora-Zubereitung.

WACHTELN
auf karamellisiertem Radicchio mit Pfirsich

---

1 Für die Wachteln die Brüstchen und Keulen waschen und trocken tupfen. Mit einem spitzen scharfen Messer aus den Wachtelkeulen jeweils den Oberschenkelknochen auslösen und an der Innenseite entlang des Unterschenkelknochens aufschneiden.

2 Eine Pfanne bei mittlerer Temperatur erhitzen, das Öl mit einem Pinsel darin verstreichen und Keulen und Brüstchen auf der Hautseite 2 bis 3 Minuten goldbraun braten. Beides wenden, die Pfanne vom Herd nehmen und das Fleisch in der Nachhitze der Pfanne rosa ziehen lassen. Zuletzt die kalte Butter dazugeben und die Wachtelstücke mit Chilisalz würzen, warm halten.

3 Für den Radicchio die Mandelblättchen in einer beschichteten Pfanne ohne Fett bei mittlerer Hitze leicht rösten, herausnehmen und abkühlen lassen. Den Pfirsich waschen, halbieren, den Stein entfernen und die Pfirsichhälften in schmale Spalten schneiden. Den Radicchio putzen, in einzelne Blätter teilen, waschen, trocken schleudern und in etwa 3 cm große Stücke schneiden.

4 Den Puderzucker in einer große Pfanne bei milder Hitze hell karamellisieren und den Radicchio darin ½ bis 1 Minute andünsten. Mit Salz und Pfeffer würzen, aus der Pfanne nehmen und warm halten. Inzwischen den Essig in die Pfanne gießen und auf die Hälfte einköcheln lassen.

5 Zum Servieren den warmen Radicchio auf vorgewärmte Teller verteilen und den eingekochten Essig darüberträufeln. Mit Olivenöl beträufeln, die Pfirsichspalten darauflegen und mit den Mandelblättchen bestreuen. Die Wachtelstücke auf den Radicchio setzen.

TIPP Sobald der Radicchio in die Pfanne kommt, muss alles ganz schnell gehen. Daher sollte zu diesem Zeitpunkt am besten alles andere bereits fertig vorbereitet sein. Durch das Einkochen wird der Aceto balsamico wesentlich milder. Ein Teil der Säure verdunstet beim Einkochen in die Luft, weshalb Sie unbedingt die Dunstabzugshaube einschalten sollten.

ZUTATEN FÜR 4 PERSONEN

FÜR DIE WACHTELN:
je 8 Wachtelbrüstchen
und -keulen (mit Haut)
½–1 TL Öl
1 EL kalte Butter
mildes Chilisalz

FÜR DEN RADICCHIO:
1 EL Mandelblättchen
1 reifer Pfirsich
1 Radicchio
1–2 TL Puderzucker
Salz · Pfeffer aus der Mühle
4 EL Aceto balsamico
2 EL mildes Olivenöl

SCHINKEN IST NICHT UNBEDINGT SCHINKEN!

Auf der ganzen Welt gibt es keinen zweiten Landstrich, in dem so viel berühmter Schinken produziert wird wie in Norditalien. Der San-Daniele-Schinken aus der gleichnamigen Stadt im Friaul, die berühmten luftgetrockneten Keulen aus Parma und das Culatello. Nur die Spanier haben mit ihrem Jamón Serrano (vor allem mit dem Bellota von den schwarzen Schweinen) etwas Adäquates und in Frankreich schwört man auf Schinken aus Bayonne.

Schinken

Aber zurück nach Italien: Warum die Schinken so unterschiedlich schmecken, obwohl ihre Produktionsstätten gar nicht so weit auseinanderliegen und Schweinekeulen ähnlicher Rassen die Grundlage sind, das hat zwei Gründe. Das liegt zum einen an der Luft, in San Daniele etwa ist es die frische Alpenbrise, in Parma die trockene Luft der Po-Ebene, und zum anderen an der Ernährung der Schweine. Die Parma-Schweine werden beispielsweise mit der Molke des gleichnamigen Käses gefüttert und damit „gewürzt".

Warum nimmt man Pferdeknochen zum Test?

Egal ob in Spanien oder in Italien – ob ein Schinken reif ist, das checkt ein olfaktorisch besonders beschlagener Prüfer. Und zwar mit einem zugespitzten Pferdeknochen, der (zum Beispiel beim Parmaschinken) an fünf verschiedenen Stellen des Schinkens versenkt, herausgeholt und unter das feine Näschen gehalten wird. Pferdeknochen gelten als besonders aufnahmefähig für die Schinkenaromen. Erst wenn der Prüfer sein Okay gibt, werden die Schinken für den Verkauf freigegeben und bekommen in Parma die fünfzackige Krone eingebrannt, die ihn als original ausweisen.

Lardo – der Marmor unter den Schinken

Ja, er kommt aus Carrara, dort wo der berühmteste Marmor der Welt hergestellt wird. Lardo, den weißen Speck mit dem rosaroten Teint, gibt es zwar überall in Italien. Aber Lardo aus Colonnata in der Toskana ist vermutlich der beste. Hier in den Steinbrüchen hat man schon in der Antike den Schweinerückenspeck zwischen Hölzern gepresst und in Meerwasserlake zusammen mit Knoblauch und Gewürzen reifen lassen. Mindestens sechs Monate und natürlich in Carrara-Marmorbecken. Lardo isst man hauchdünn aufgeschnitten am besten auf frischem Bauernbrot.

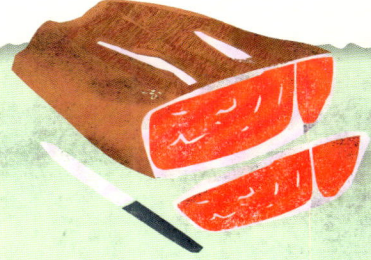

Der Kult um den Culatello aus Zibello

Der Culatello geht keinem Feinschmecker am Ärschlein vorbei. Ordinär? Von wegen! Denn Culatello heißt übersetzt soviel wie Ärschlein, vermutlich deswegen, weil es mit einem kleinen Hinterteil Ähnlichkeit hat, wenn es so in der Schweineblase hängt. Culatello ist so etwas wie der Rolls-Royce unter den getrockneten Schinken und das ist deshalb so, weil im Vergleich zu den zig Millionen Parmaschinken vom Culatello nur rund 50 000 im Jahr hergestellt werden und das fast komplett in Handarbeit. Kurioserweise wird der Culatello in Italien nicht unter Schinken verkauft, sondern als Wurst. Der Grund: Die Keulen sind ausgelöst und reifen nicht am Knochen. Culatello kommt aus der Po-Ebene, es gibt nur wenige Gemeinden rund um die kleine Don-Camillo-Ortschaft Zibello (wer in der Gegend ist, sollte unbedingt die Metzgerei am Hauptplatz besuchen, das alleine ist schon ein Erlebnis), in der die Delikatesse hergestellt wird. Die Besonderheit an diesem Schinken ist die Reifung (14 bis 40 Monate) in der Schweineblase: Sie ist sehr durchlässig für die feuchte Luft aus den Po-Niederungen und den Edelschimmel, der das Fleisch so schmackhaft und mürbe macht.

SPANFERKEL
mit Caponata und Bohnen

ZUTATEN FÜR 4 PERSONEN

FÜR DAS SPANFERKEL:
1 Spanferkelbauch
(ca. 700 g, ca. 4 cm dick)
ca. 300 g Salz

FÜR DIE CAPONATA:
1 rote Zwiebel
je ½ rote und gelbe Paprikaschote
2 Stangen Staudensellerie
¼ Fenchelknolle
je 50 g grüne und gelbe Zucchini
80 ml Gemüsebrühe
100 g Cocktailtomaten
80 g Cannellini-Bohnen
(kleine weiße Bohnen, aus der Dose)
50 g schwarze Oliven (ohne Stein)
1 EL Kapern
1–2 TL Rosmarinnadeln
(frisch geschnitten)
1 fein geriebene Knoblauchzehe
mildes Chilisalz
4 längs geschnittene Auberginenscheiben (jeweils ½–1 cm dick)
1 EL doppelgriffiges Mehl
(Wiener Grießler)
Öl zum Braten

AUSSERDEM:
2 EL geröstete Pinienkerne
1 EL geröstete Mandelblättchen
1–2 EL Balsamico bianco
(ersatzweise Crema di Balsamico)

1 Für das Spanferkel den Backofen auf 180 °C vorheizen. Den Spanferkelbauch mit der Schwarte nach oben auf ein Backblech legen. Die Schwarte ½ bis 1 cm hoch mit Salz bedecken und im Ofen auf der unteren Schiene 1 ½ bis 2 Stunden braten. Dann die Backofentemperatur auf 230 °C Umluftgrill erhöhen (alternativ den Oberhitzegrill dazuschalten). Das Salz entfernen und das Spanferkel im Ofen noch 10 bis 15 Minuten kross braten.

2 Währenddessen für die Caponata die Zwiebel schälen. Die Paprikahälften entkernen und waschen. Sellerie, Fenchel und Zucchini putzen und waschen und mit der Zwiebel und den Paprikahälften in ½ bis 1 cm große Würfel schneiden. Das Gemüse mit der Brühe in einen Topf geben, mit einem Blatt Backpapier bedecken und knapp unter dem Siedepunkt 4 bis 5 Minuten garen. Zum Abkühlen in eine Schüssel füllen.

3 Die Tomaten waschen, halbieren und nach Belieben die Kerne entfernen. Die Bohnen in einem Sieb abbrausen und abtropfen lassen. Die Oliven vierteln. Tomaten, Bohnen, Oliven, Kapern, Rosmarin und Knoblauch unter das gedünstete Gemüse rühren und die Caponata mit Chilisalz würzen.

4 Die Auberginenscheiben auf beiden Seiten mit etwas Wasser benetzen und mit Mehl bestäuben. Nochmals mit etwas Wasser beträufeln und die Mehlschicht mit den Fingern leicht auf den Auberginenscheiben verreiben, bis sie cremig wird. In einer großen Pfanne 1 bis 2 TL Öl erhitzen und die Auberginen darin auf beiden Seiten einige Minuten goldbraun und knusprig braten. Herausnehmen, mit Chilisalz würzen und auf Küchenpapier abtropfen lassen.

5 Zum Servieren jeweils 1 Auberginenscheibe auf einen vorgewärmten Teller legen und etwas Caponata darauf verteilen. Alles mit Pinienkernen und Mandelblättchen bestreuen, mit Essig und nach Belieben mit etwas mildem Olivenöl beträufeln. Das Spanferkel in Scheiben schneiden und daneben anrichten. Nach Belieben mit Mini-Basilikumblättern garnieren.

SARDISCHER HIRTENIMBISS
mit Kräuterdip

_____

ZUTATEN FÜR 4 PERSONEN

FÜR DEN KRÄUTERDIP:
100 g griech. Joghurt (10 % Fett)
1 TL Basilikumblätter
(frisch geschnitten)
2 Minzeblätter (frisch geschnitten)
1 Prise getr. ital. Kräuter (ersatzweise
je 1 Prise getr. Bohnenkraut, Majoran,
Thymian, Rosmarin und Oregano)
mildes Chilisalz · Zucker

FÜR DIE BURGER:
600 g durchwachsenes Lammfleisch
(aus Schulter oder Nacken)
1 EL Grillgewürz
(ersatzweise Lammgewürz)
mildes Chilisalz
1 TL Öl

AUSSERDEM:
100 g Zucchini
2 Tomaten
4 Blätter Romanasalat
2 TL schwarze Pfefferkörner und
1 TL Fenchelsamen für die Gewürzmühle
1 TL Öl
mildes Chilisalz
4 Scheiben ital. Weißbrot
(etwa handgroß)
½ Knoblauchzehe
1 EL mildes Olivenöl
4 EL Pecorino-Späne

1 Für den Kräuterdip den Joghurt mit Basilikum, Minze und übrigen Kräutern in einer Schüssel gründlich verrühren und mit Chilisalz und 1 Prise Zucker würzen.

2 Für die Burger das Lammfleisch durch die feine Scheibe des Fleischwolfes drehen (ersatzweise vom Metzger durchdrehen lassen). Das Hackfleisch mit Grillgewürz und Chilisalz würzen und aus der Masse mit angefeuchteten Händen oder mit einer Burger-presse 4 flache Burger formen.

3 Die Zucchini putzen, waschen und quer in 3 bis 4 mm dünne Scheiben schneiden. Die Tomaten waschen und in Scheiben schnei-den, dabei die Stielansätze entfernen. Die Salatblätter waschen und trocken schleudern. Die Pfefferkörner und Fenchelsamen in eine Gewürzmühle füllen.

4 Eine große Pfanne bei mittlerer Temperatur erhitzen, ½ TL Öl mit einem Pinsel darin verstreichen und die Zucchini auf beiden Seiten hell anbraten. Aus der Pfanne nehmen und mit Chilisalz und der Mischung aus der Gewürzmühle würzen. Das restliche Öl mit einem Pinsel in der Pfanne verstreichen und die Tomatenscheiben darin auf beiden Seiten kurz anbraten, sodass sie gerade heiß sind. Mit Chilisalz würzen und in der Pfanne warm halten.

5 Für die Burger eine weitere Pfanne bei mittlerer Temperatur erhitzen, das Öl darin mit einem Pinsel verstreichen und die Burger bei mittlerer Hitze auf beiden Seiten je etwa 2 Minuten anbraten. Aus der Pfanne nehmen und auf Küchenpapier abtropfen lassen.

6 Zum Servieren die Weißbrotscheiben im Toaster oder in einer beschichteten Pfanne ohne Fett goldbraun rösten. Die Brot-scheiben auf vorgewärmte Teller legen, mit der Schnittseite der hal-ben Knoblauchzehe einreiben und mit etwas Olivenöl beträufeln. Mit dem Dip bestreichen, mit Zucchini-, Tomatenscheiben und Salatblättern belegen und die Burger daraufsetzen. Den Imbiss mit Pecorino-Spänen und nach Belieben mit Basilikum garnieren.

GEMÜSEEINTOPF AL PARADISO
mit Filetwürfeln

---

1 Für den Eintopf die Kartoffel schälen, waschen und in 1 cm große Würfel schneiden. Die Karotte putzen, schälen und schräg in Scheiben schneiden. Die Zwiebel schälen und in 1½ cm große Stücke schneiden. Den Fenchel putzen, waschen, längs vierteln und quer in 1½ cm breite Stücke schneiden. Den Sellerie putzen, waschen und schräg in ½ cm breite Scheiben schneiden.

2 Kartoffel, Karotte, Zwiebel, Fenchel und Sellerie mit der Brühe in einen Topf geben. Die passierten Tomaten unterrühren und das Lorbeerblatt hinzufügen. Das Gemüse mit einem Blatt Backpapier bedecken und knapp unter dem Siedepunkt etwa 15 Minuten gerade weich garen.

3 Inzwischen die Champignons putzen, trocken abreiben und vierteln. Die Frühlingszwiebeln putzen, waschen und schräg in ½ cm dünne Ringe schneiden. Die Bohnen in einem Sieb abbrausen und abtropfen lassen. Knoblauch schälen und in Scheiben schneiden.

4 Kurz vor Ende der Garzeit Pilze, Frühlingszwiebeln, Bohnen, Knoblauch, Kräuter, Ingwer und Zitronenschale hinzufügen und alles einige Minuten ziehen lassen, dann Ingwer und Zitronenschale entfernen. Den Gemüseeintopf mit Chilisalz abschmecken.

5 Währenddessen für die Filetwürfel das Fleisch in 1½ bis 2 cm große Würfel schneiden. Eine große Pfanne bei mittlerer Temperatur erhitzen und das Öl mit einem Pinsel darin verstreichen. Die Filetwürfel rundherum 3 bis 4 Minuten anbraten, anschließend mit Chilisalz würzen.

6 Zum Servieren den Gemüseeintopf in vorgewärmte tiefe Teller verteilen. Die Filetwürfel daraufsetzen und alles nach Belieben mit 1 EL mildem Olivenöl beträufeln.

ZUTATEN FÜR 4 PERSONEN

FÜR DEN EINTOPF:
1 große festkochende Kartoffel
1 Karotte · 1 Zwiebel
½ kleine Fenchelknolle
1 Stange Staudensellerie
800 ml Gemüsebrühe
100 g passierte Tomaten
(aus der Dose)
1 kleines Lorbeerblatt
80 g kleine weiße Champignons
½ Bund Frühlingszwiebeln
100 g kleine weiße Bohnen
(aus der Dose)
1 Knoblauchzehe
1 TL getr. ital. Kräuter
(ersatzweise je 1 Prise getr. Bohnenkraut, Thymian, Rosmarin, Majoran oder Oregano)
2 Scheiben Ingwer
1 Streifen unbehandelte Zitronenschale
mildes Chilisalz

FÜR DIE FILETWÜRFEL:
200 g Schweinefilet (ersatzweise Rinder- oder Kalbsfilet, Lammlachs oder Hähnchenbrust)
½ TL Öl
mildes Chilisalz

KALBSLEBER
in Rosmarin-Balsamico-Sauce

—————

ZUTATEN FÜR 4 PERSONEN

FÜR DIE LEBER:
700 g Kalbsleber · 1–2 EL Öl
4–5 EL doppelgriffiges Mehl
(Wiener Grießler)
125 ml Hühnerbrühe · 1 Lorbeerblatt
½ geschälte Knoblauchzehe
1 Scheibe Ingwer · 1 Zweig Rosmarin
1 kleine getr. rote Chilischote
2 EL kalte Butter
1–2 TL Aceto balsamico
Zucker · mildes Chilisalz

FÜR DIE RÖSTSCHALOTTEN:
1 EL doppelgriffiges Mehl
1 Msp. gemahlene Kurkuma
1 Msp. Paprikapulver (edelsüß)
3 Schalotten
2–3 EL Öl oder braune Butter

FÜR DAS POLENTAPÜREE:
10 Safranfäden · 2 EL Orangensaft
¼ l Gemüsebrühe · ¼ l Milch
1 kleines Lorbeerblatt
65 g Instant-Polenta (Maisgrieß)
1 EL kalte Butter
2 EL braune Butter (siehe S. 38)
mildes Chilisalz
1 Msp. abgeriebene unbehandelte
Orangenschale

AUSSERDEM:
1 Handvoll kleine Pfifferlinge
2 kleine Steinpilze · 1 TL braune Butter
Salz · Pfeffer aus der Mühle
1 EL Granatapfelkerne

1 Die Leber putzen, waschen und trocken tupfen. Anschließend in 8 bis 10 mm dünne und etwa 4 cm lange Scheiben schneiden.

2 Für die Röstschalotten das Mehl mit Kurkuma und Paprika in einem tiefen Teller mischen. Die Schalotten schälen, in dünne Ringe schneiden und in der Mehlmischung wenden. Dann in der Pfanne im Öl bei mittlerer Hitze knusprig braun braten. Herausnehmen und auf Küchenpapier abtropfen lassen.

3 Für das Polentapüree die Safranfäden im Orangensaft mindestens 10 Minuten einweichen. Die Brühe mit der Milch und dem Lorbeerblatt in einem Topf aufkochen. Die Polenta unter Rühren einrieseln lassen. Die Safran-Orangensaft-Mischung dazugeben und alles unter Rühren kurz köcheln lassen, bis ein sämiger Brei entstanden ist. Zuletzt die kalte Butter in Stücken und die braune Butter unterrühren, das Polentapüree mit Chilisalz und Orangenschale würzen. Das Lorbeerblatt zum Servieren wieder entfernen.

4 Die Pfifferlinge gründlich putzen, falls nötig, waschen und trocken tupfen. Die Steinpilze putzen, trocken abreiben und in Spalten schneiden. Die Pilze in einer Pfanne in der braunen Butter bei mittlerer Hitze etwa 3 Minuten braten, mit Salz und Pfeffer würzen.

5 Für die Leber eine Pfanne bei mittlerer Temperatur erhitzen und jeweils etwas Öl mit einem Pinsel darin verstreichen. Das Mehl in einen tiefen Teller geben, die Scheiben darin wenden und portionsweise im Öl auf jeder Seite 1 bis 1½ Minuten braten. Aus der Pfanne nehmen und auf einen vorgewärmten Teller legen. Die Brühe in die Pfanne gießen, Lorbeerblatt, Knoblauch, Ingwer, Rosmarin und Chilischote hinzufügen und alles auf etwa ein Drittel einköcheln lassen. Die kalte Butter in Stücken unterrühren und die Sauce mit Essig und 1 Prise Zucker würzen. Die Leber wieder in die Pfanne legen, in der Sauce wenden und darin kurz erwärmen. Mit Chilisalz würzen, die ganzen Gewürze wieder entfernen.

6 Zum Servieren die Polenta auf vorgewärmte Teller verteilen. Leberscheiben, Pilze und Röstschalotten daraufsetzen. Die Sauce darum herumträufeln und alles mit Granatapfelkernen bestreuen.

SÜDTIROLER CORDON BLEU
mit Kartoffel-Apfel-Gröstel

_____

FÜR DAS GRÖSTEL:
500 g festkochende Mini-Kartoffeln
Salz
1 rotschaliger Apfel
2 Frühlingszwiebeln
1 TL Öl
gemahlener Kümmel · getr. Majoran
mildes Chilisalz · Pfeffer aus der Mühle
1 EL Butter oder braune Butter
(siehe S. 38)

FÜR DAS CORDON BLEU:
100 g Schüttelbrot
(ersatzweise Weißbrotbrösel)
gemahlener Kümmel
gemahlener Fenchel
100 g doppelgriffiges Mehl
(Wiener Grießler)
2 Eier
2 TL Sahnemeerrettich
2 TL Dijonsenf
mildes Chilisalz
frisch geriebene Muskatnuss
4 Schweine- oder Kalbsschnitzel
(à ca. 140 g)
Öl für die Folie
Salz · Pfeffer aus der Mühle
4 Scheiben Südtiroler Speck
4 Scheiben Taleggio
(ersatzweise Bergkäse)
ca. 100 ml Öl zum Braten
1 EL Butter

AUSSERDEM:
4 unbehandelte Zitronenspalten

1 Am Vortag für das Gröstel die Kartoffeln waschen und mit Schale in Salzwasser weich garen. Abgießen, kurz ausdampfen lassen, noch heiß pellen und am besten über Nacht abkühlen lassen.

2 Am nächsten Tag die abgekühlten Kartoffeln in Scheiben schneiden. Den Apfel waschen, vierteln und entkernen. Jedes Apfelviertel zuerst in 2 Spalten schneiden und diese dann quer in 4 bis 5 mm dünne Scheiben schneiden. Frühlingszwiebeln putzen, waschen und in ½ cm dünne Ringe schneiden. Eine große Pfanne bei mittlerer Temperatur erhitzen, das Öl mit einem Pinsel darin verstreichen und die Kartoffeln goldbraun anbraten. Gegen Ende der Garzeit Äpfel und Frühlingszwiebeln dazugeben. Das Gröstel mit Kümmel, Majoran, Chilisalz und Pfeffer würzen und zuletzt die Butter hinzufügen. Bis zum Servieren warm halten.

3 Für das Cordon bleu das Schüttelbrot in grobe Stücke brechen, im Blitzhacker zu Bröseln mahlen und mit je 1 Prise Kümmel und Fenchel würzen. Mehl und Würzbrösel jeweils in tiefe Teller geben. Die Eier mit Meerrettich und Senf in einem tiefen Teller verquirlen, mit Chilisalz und 1 Prise Muskatnuss würzen.

4 Die Schnitzel zwischen zwei Lagen geölter Frischhaltefolie mit der flachen Seite des Schnitzelklopfers gleichmäßig dünn klopfen. Mit Salz und Pfeffer würzen. Jeweils 1 Schnitzelhälfte mit je 1 Scheibe Speck und Käse belegen. Das Fleisch über der Füllung zusammenklappen, sodass die Füllung nicht mehr sichtbar ist.

5 Die gefüllten Schnitzel im Mehl wenden (überschüssiges Mehl abklopfen). Dann durch die verquirlten Eier ziehen und zuletzt in den Würzbröseln wenden, dabei nicht fest andrücken. Das Öl in einer Pfanne erhitzen und die Schnitzel darin bei mittlerer Hitze auf beiden Seiten je etwa 3 Minuten goldbraun braten. Zuletzt die Butter dazugeben, aufschäumen lassen und die Schnitzel damit begießen. Herausnehmen und auf Küchenpapier abtropfen lassen.

6 Zum Servieren die Cordons bleus auf vorgewärmte Teller setzen, mit je 1 Zitronenspalte garnieren und das Gröstel danebenlegen.

SÜDTIROLER SONNTAGSBRATEN
mit buntem Gemüse

---

1 Für den Braten den Backofen auf 130 °C vorheizen. ½ l Brühe in einen großen Bräter gießen, den Braten auf der Schwarte hineinlegen und im Ofen auf der mittleren Schiene 1 Stunde garen. Inzwischen die Zwiebeln schälen, Karotte und Sellerie putzen und schälen und alles 1½ bis 2 cm groß schneiden. Puderzucker in einer großen Pfanne hell karamellisieren. Tomatenmark dazugeben und kurz mitdünsten. Wein dazugießen und sämig einköcheln lassen. Zwiebeln, Karotte und Sellerie und übrige Brühe unterrühren.

2 Den Braten aus dem Bräter nehmen und die Backofentemperatur auf 160 °C erhöhen. Die Schwarte mit einem scharfen Messer im Abstand von 1 cm Streifen mehrmals einschneiden. Den Saucenansatz samt Gemüse zum Sud in den Bräter füllen, den Braten mit der Schwarte nach oben auf das Gemüse setzen und im Ofen auf der unteren Schiene noch 2 Stunden garen. Danach aus dem Bräter nehmen und auf ein Backblech setzen. Die Backofentemperatur auf 220 °C (Oberhitze) erhöhen. Die Schwarte salzen und den Braten im Ofen auf der unteren Schiene noch 20 bis 30 Minuten kross braten.

3 Inzwischen die Sauce aus dem Bräter durch ein Sieb in einen Topf gießen, dabei das Gemüse etwas ausdrücken, dann entfernen. Die Sauce nach Belieben entfetten, das Lorbeerblatt dazugeben und die Sauce etwas einköcheln lassen. Knoblauch, Ingwer, Majoran, Kümmel und Zitronenschale hinzufügen und alles 5 bis 10 Minuten ziehen lassen. Die Sauce nochmals durch ein Sieb gießen und mit Salz und Pfeffer würzen, die ganzen Gewürze entfernen.

4 Währenddessen für das Gemüse Bohnen putzen, waschen und schräg in 1½ cm breite Stücke schneiden. In Salzwasser 5 bis 8 Minuten garen, in ein Sieb abgießen, kalt abschrecken und abtropfen lassen. Karotten und Sellerie putzen, schälen und in 3 bis 4 mm dünne Scheiben schneiden. Mit Brühe, Knoblauch, Ingwer und Chili in einen Topf geben, mit einem Blatt Backpapier bedecken und knapp unter dem Siedepunkt 10 Minuten bissfest garen. Bohnen, Bohnenkraut, Zitronenschale, Muskatnuss und Chilisalz hinzufügen, kalte Butter unterrühren. Zum Servieren den Braten in Scheiben schneiden und mit der Sauce und dem Gemüse auf vorgewärmte Teller verteilen. Dazu passen gebratene Mini-Kartoffeln.

ZUTATEN FÜR 6 PERSONEN

FÜR DEN BRATEN:
800 ml Hühnerbrühe
1,2 kg Schweineschulter
(mit Schwarte, ohne Knochen)
3 Zwiebeln
½ Karotte
150 g Knollensellerie
1 TL Puderzucker
1 EL Tomatenmark
150 ml leichter Rotwein
Salz
1 kleines Lorbeerblatt
2 halbierte Knoblauchzehen
1 Scheibe Ingwer
½–1 TL getr. Majoran
½ TL ganzer Kümmel
1 Streifen unbehandelte Zitronenschale
Pfeffer aus der Mühle

FÜR DAS GEMÜSE:
150 g breite Bohnen (Stangenbohnen)
Salz
2 große Karotten
2 Stangen Staudensellerie
100 ml Gemüsebrühe
1 Knoblauchzehe (in Scheiben)
2 Scheiben Ingwer
1 kleine getr. rote Chilischote
getr. Bohnenkraut
1 Msp. abgeriebene unbehandelte Zitronenschale
frisch geriebene Muskatnuss
mildes Chilisalz
1 EL kalte Butter

COTOLETTA ALLA MILANESE
mit Rosmarinkartoffeln und Salat

―――――――――

ZUTATEN FÜR 4 PERSONEN

FÜR DIE KARTOFFELN:
600 g festkochende Kartoffeln
Salz
1–2 TL Öl
2 Zweige Rosmarin
2 Knoblauchzehen (in Scheiben)
mildes Chilisalz

FÜR DEN SALAT:
2 Mini-Romanasalate
1 EL Schnittlauchröllchen
1 EL Minzeblätter (frisch geschnitten)
abgeriebene Schale von ½ unbehandelten Limette
1–2 EL Balsamico bianco
1–2 EL mildes Olivenöl
mildes Chilisalz
Pfeffer aus der Mühle · Zucker

FÜR DIE KOTELETTS:
50 g doppelgriffiges Mehl
(Wiener Grießler)
80 g Weißbrotbrösel · 2 Eier
4 Kalbskoteletts (à 1–1½ cm dick,
gesägt, 200–250 g)
mildes Chilisalz · Pfeffer aus der Mühle
ca. 100 ml Öl zum Braten
1 EL Butter

1 Die Kartoffeln waschen und mit Schale in Salzwasser weich garen. Abgießen, kurz ausdampfen lassen und nach Belieben pellen. Dann abkühlen lassen und halbieren.

2 Für den Salat die Romanasalate putzen, in einzelne Blätter teilen, waschen, trocken schleudern und in mundgerechte Stücke zupfen. Die Salatblätter in eine Schüssel geben und Schnittlauch, Minze und Limettenschale hinzufügen. Essig und Olivenöl unter-rühren, mit Chilisalz, Pfeffer und 1 Prise Zucker würzen und alles gut mischen. Den Salat nach Belieben nochmals abschmecken.

3 Für die Koteletts das Mehl und die Weißbrotbrösel jeweils in tiefe Teller geben. Die Eier in einem tiefen Teller verquirlen. Die Koteletts waschen, trocken tupfen und auf beiden Seiten mit Chilisalz und Pfeffer würzen. Im Mehl wenden, dann durch die ver-quirlten Eier ziehen und zuletzt in den Weißbrotbröseln wenden.

4 Das Öl in einer Pfanne erhitzen und die Koteletts darin bei mittlerer Hitze auf beiden Seiten je 3 bis 4 Minuten goldbraun braten. Zuletzt die Butter dazugeben, aufschäumen lassen und die Koteletts damit begießen. Herausnehmen, auf Küchenpapier abtropfen lassen und sofort servieren.

5 Gleichzeitig für die Kartoffeln eine Pfanne bei mittlerer Tempe-ratur erhitzen, das Öl darin mit einem Pinsel verstreichen und die Kartoffeln anbraten. Nach einigen Minuten die Rosmarinzweige mit dem Knoblauch hinzufügen. Zuletzt mit Chilisalz würzen.

6 Zum Servieren die Koteletts auf vorgewärmte Teller setzen, die Kartoffeln daneben verteilen und den Salat dazu reichen.

INVOLTINI VOM KALB
auf Risi-Bisi

1 Für das Risi-Bisi die Zwiebel schälen und fein würfeln. Reis, Zwiebel und Brühe in einen Topf geben, mit einem Blatt Backpapier bedecken und knapp unter dem Siedepunkt 18 bis 20 Minuten garen, bis der Reis die Flüssigkeit gerade aufgenommen hat. Bei Bedarf noch etwas Brühe nachgießen. Die Erbsen hinzufügen und darin erhitzen. Ingwer, Zitronenschale, Knoblauch, kalte Butter und Parmesan unterrühren und das Risi-Bisi mit Chilisalz würzen.

2 Inzwischen für die Involtini die Zwiebel schälen und fein würfeln. Die Zwiebelwürfel in einer Pfanne mit 50 ml Wasser weich garen, bis die Flüssigkeit eingekocht ist, abkühlen lassen. Pfefferkörner und Fenchelsamen in eine Gewürzmühle füllen. Salsicce häuten, die Salsicce-Masse mit der Sahne glatt rühren und die Zwiebel-würfel untermischen. Die Masse mit Chilisalz, etwas Mischung aus der Gewürzmühle, Muskatnuss und Zitronenschale würzen.

3 Die Schnitzel zwischen zwei Lagen geölter Frischhaltefolie dünn klopfen. Die Salsicce-Masse gleichmäßig darauf verstreichen und mit der Petersilie möglichst dicht bestreuen. Die Schnitzel aufrollen, dabei die Seiten etwas einschlagen, sodass kompakte Rollen entstehen. Die Enden mit Rouladennadeln feststecken.

4 Eine Pfanne bei mittlerer Temperatur erhitzen, 1/2 TL Öl darin ver-streichen und die Involtini rundherum anbräunen, herausnehmen. Für die Sauce den Bratsatz mit Wein ablösen und die Brühe dazu-gießen. Involtini wieder dazugeben und 5 Minuten köcheln, dabei den Deckel so auflegen, dass noch ein Spalt frei bleibt. Heraus-nehmen und warm stellen, die Rouladennadeln wieder entfernen.

5 Die Sahne zur Sauce geben. Die Speisestärke mit wenig kaltem Wasser glatt rühren, in die Sauce geben und köcheln lassen, bis diese sämig bindet. Knoblauch, Ingwer, Rosmarin und Zitronen-schale in die Sauce geben und mit Chilisalz würzen. Alles einige Minuten ziehen lassen, dann durch ein Sieb gießen, die Sauce auffangen und die ganzen Gewürze entfernen. Zum Servieren das Risi-Bisi in vorgewärmte tiefe Teller verteilen, die Involtini schräg in Scheiben schneiden und daraufsetzen. Die Sauce mit dem Stabmi-xer aufschäumen und darum herumträufeln.

ZUTATEN FÜR 4 PERSONEN

FÜR DAS RISI-BISI:
1/2 kleine Zwiebel
80 g Risottoreis (z. B. Vialone nano, Arborio oder Carnaroli)
300 ml Hühnerbrühe (bei Bedarf etwas mehr zum Nachgießen)
80 g tiefgekühlte Erbsen (aufgetaut)
je 1 Msp. fein geriebener Ingwer und unbehandelte Zitronenschale
1/2 fein geriebene Knoblauchzehe
je 2 EL kalte Butter und geriebener Parmesan · mildes Chilisalz

FÜR DIE INVOLTINI:
1/2 kleine Zwiebel
2 TL schwarze Pfefferkörner und 1 TL Fenchelsamen für die Gewürzmühle
200 g Salsicce (ersatzweise Kalbsbrät)
8 EL kalte Sahne · mildes Chilisalz
frisch geriebene Muskatnuss
abgeriebene Schale von 1/2 unbe-handelten Zitrone
4 dünne Kalbsrückenschnitzel
(à 90 – 100 g, Schmetterlingsschnitt)
Öl für die Folie und zum Braten
3 EL Petersilienblätter
(frisch geschnitten)

FÜR DIE SAUCE:
3 EL Weißwein · 150 ml Hühnerbrühe
50 g Sahne · 1 TL Speisestärke
2 Knoblauchzehen (in Scheiben)
3 Scheiben Ingwer · 1 Zweig Rosmarin
1 Msp. abgeriebene unbehandelte Zitronenschale · mildes Chilisalz

GESCHMORTE RINDERBACKERL
in Barolo-Sauce

ZUTATEN FÜR 4 PERSONEN

FÜR DIE RINDERBACKERL:
2 Zwiebeln · 100 g Knollensellerie
1 kleine Karotte
4 große Rinderbacken (à ca. 350 g;
küchenfertig bzw. ohne Fettdeckel)
1 EL Puderzucker · 1–2 EL Tomatenmark
350 ml Barolo (ersatzweise ein anderer
kräftiger Rotwein, z. B. Amarone)
1 l Hühnerbrühe
½ TL Pimentkörner, 1 TL schwarze
Pfefferkörner, 3 Splitter Zimtrinde,
½ TL Wacholderbeeren (angedrückt),
1 Lorbeerblatt (zerbrochen) und
1 Zacken Sternanis (etwas zerstoßen)
für die Gewürzmühle
2 TL Speisestärke
1 halbierte Knoblauchzehe
3 Scheiben Ingwer
3 cm Vanilleschote
½ TL gehackte Zartbitterschokolade
je 1 Streifen unbehandelte Zitronen-
und Orangenschale
40 g kalte Butter
mildes Chilisalz · Pfeffer aus der Mühle

AUSSERDEM:
½ TL Öl · 4 Scheiben Pancetta
120 g kleine Pfifferlinge
1 TL braune Butter (siehe S. 38)
mildes Chilisalz
200 g Pappardelle (breite Bandnudeln)
Salz · 1 kleine getr. rote Chilischote
1 Lorbeerblatt · 3 Scheiben Ingwer
1 Knoblauchzehe (in Scheiben)
8 Mini-Basilikumblätter zum Garnieren

1 Für die Rinderbackerl Zwiebeln, Sellerie und Karotte putzen, schälen und in etwa 1 cm große Würfel schneiden. Die Rinderbackerl am Einschnitt (vom Metzger) ganz durchschneiden, sodass 8 Scheiben entstehen. Den Puderzucker in einem Bräter bei milder Hitze hell karamellisieren. Das Tomatenmark dazugeben und kurz mitdünsten. Den Wein dazugießen und sämig einköcheln lassen. Die Gemüsewürfel und die Rinderbackerl hinzufügen, alles mit der Brühe aufgießen, mit einem Blatt Backpapier bedecken und knapp unter dem Siedepunkt 2 ½ bis 3 Stunden garen.

2 Inzwischen eine große Pfanne bei mittlerer Temperatur erhitzen, das Öl mit einem Pinsel darin verstreichen und die Pancetta auf beiden Seiten kross braten. Herausnehmen und auf Küchenpapier abtropfen lassen. Die Pfifferlinge gründlich putzen, falls nötig, waschen und trocken tupfen. Eine Pfanne bei mittlerer Temperatur erhitzen, die braune Butter mit einem Pinsel darin verstreichen und die Pilze einige Minuten anbraten, mit Chilisalz würzen.

3 Währenddessen Piment- und Pfefferkörner, Zimtrindensplitter, Wacholder, Lorbeerblatt und Sternanis in eine Gewürzmühle füllen. Die Rinderbackerl gegen Ende der Garzeit mit der Mischung aus der Gewürzmühle würzen. Aus dem Bräter nehmen und warm halten. Die Sauce durch ein Sieb in einen Topf gießen, dabei das Gemüse etwas ausdrücken und danach entfernen. Die Sauce einige Minuten etwas einköcheln lassen. Die Speisestärke mit wenig kaltem Wasser glatt rühren, in die Sauce geben und köcheln lassen, bis diese sämig bindet. Dann Knoblauch, Ingwer, Vanille, Schokolade, Zitronen- und Orangenschale sowie Butter unterrühren. Knoblauch, Ingwer, Vanille und Zitrusschalen nach einigen Minuten wieder entfernen und die Sauce mit Chilisalz und Pfeffer würzen.

4 Rechtzeitig vor dem Servieren die Nudeln in reichlich kochendem Salzwasser mit Chilischote, Lorbeerblatt, Ingwer und Knoblauch al dente garen. In ein Sieb abgießen und abtropfen lassen, die ganzen Gewürze wieder entfernen. Die Nudeln mit einer Fleischgabel portionsweise aufdrehen und auf vorgewärmten Tellern anrichten. Die Rinderbackerl in Scheiben schneiden, mit Sauce und Pilzen auf die Nudeln setzen und mit Pancetta und Basilikum garnieren.

Beim Dialekt sind die Venezianer quasi die Bayern Italiens. Do heißt due (zwei), die Gaststätten nennt man Bacari und bestellt wird statt einem Bicchiere del Vino bianco einfach eine Ombra (siehe rechts unten) oder schlicht ein Bianco oder Rosso. Wenn man die oder den am Tresen zu sich nimmt (am besten nur den Hauswein = della casa oder vom Fass = sfusato) zahlt man für 0,1 l oft nur zwischen einem und zwei Euro. Zum Wein bestellt

Wein

man Cicchetti – also feine Kleinigkeiten, die in großer Zahl und großer Variantenbreite meistens im gläsernen Tresen stehen. Da gibt es allerlei Frittiertes wie zum Beispiel Tintenfische (Calamari) oder Moschus-Kraken (Moscardini), Eingelegtes wie Sarde in saor (saure Sardinen) oder etwa Fleischbällchen (Polpette). Unbedingt probieren sollte man die Stockfischpaste auf einem frischen Brötchen. Baccalà mantecato heißt diese Creme, sie schmeckt so gut, dass sich der Venezianer wie im Himmel fühlt.

Selten so gut: Raboso & Refosco

Venedig ist ein Paradies für Weintrinker. Nirgendwo sonst in Italien ist Wein so günstig wie hier und nirgendwo gibt es noch so viele Rebsorten, die man so überhaupt nicht kennt. Ganz abgesehen davon, dass man sich im Veneto im Prosecco-Himmel befindet (kleiner Tipp am Rande: unbedingt auch mal einen Vino frizzante probieren, der hat nur halb so viel Kohlensäure), gibt es hier mit Raboso und Refosco zwei sehr gute und alte Rebsorten kennenzulernen. Die beiden Roten schmecken zwar etwas kantig, sind aber hervorragend.

Der Spritz ist ein Venezianer

Ob Aperol Spritz oder Hugo – der Urvater aller Spritz-Getränke kommt aus Venedig und hat österreichische Wurzeln. Als die Lagunenstadt zur Alpenrepublik gehörte (1789 – 1806 und 1815 – 1866), waren sehr viele Österreicher im Veneto, die aber den vergleichsweise schweren italienischen Wein nicht gewöhnt waren und ihn deshalb mit Wasser verdünnen, also spritzen, ließen. Ein Spritz besteht zu 40 Prozent aus Weißwein (oder Prosecco), zu 30 Prozent aus Wasser, der Rest heißt Correzione und ist Campari, Cynar oder Aperol.

Nur im Schatten schmeckt der Wein

Es gibt einen Giro d'Italia und einen Giro d'Ombra. Bei ersterem strampeln die Radler quer durch Italien, bei letzterem geht man in Venedig von Bar zu Bar, nimmt einen Wein zu sich und isst leckere Kleinigkeiten dazu. Der kulinarische Rundkurs im Schatten (nichts anderes heißt ombra auf gut Deutsch) findet entweder am späten Vormittag, noch lieber jedoch am späten Nachmittag statt. Eine Ombra kann alles mögliche sein: Ein kleiner Wein, ein Spritz (siehe oben), ein kleines Bier (Birrino), ein Aperol, ein Campari – einfach alles mit Alkohol. Was seine langjährigen Kunden zum Trinken haben wollen, das weiß jeder Barkeeper von seinen Stammgästen auswendig. Deshalb ist es nicht selten, dass zwei Männer die Bar betreten und ihrem Wirt nur zurufen: Fa due ombre. Mach uns zwei Schatten! Schon gibt es das bewährte Stammgetränk. Was das mit dem Schatten auf sich hat, reicht zurück bis ins Mittelalter. Die venezianischen Weinhändler folgten tagsüber immer dem Schatten des Campanile-Turms am Markusplatz, damit der Wein kühl blieb. Und wenn man sich einen Wein genehmigen wollte, musste man halt in den Schatten treten.

BISTECCA AL FORNO
mit Steinpilzen

FÜR DIE STEAKS:

¼ kleine Zwiebel · 125 g weiche Butter
1 TL scharfer Senf · 1 TL Tafelmeerrettich
je 1 EL Rosmarinnadeln und Petersilienblätter (frisch geschnitten)
1 EL geriebener Parmesan
30 g Weißbrotbrösel (ersatzweise
60 g frische Toastbrotbrösel)
mildes Chilisalz · Zucker · ½–1 TL Öl
4 Rinderrückensteaks (à ca. 200 g,
jeweils 1½–2 cm dick)
Pfeffer aus der Mühle

FÜR DAS PESTO:

80 g Petersilienblätter · Salz
80 g Basilikumblätter
1 EL geriebener Parmesan
1 EL geröstete Mandelblättchen
1 fein geriebene Knoblauchzehe
1 Msp. abgeriebene unbehandelte
Zitronenschale
80 ml mildes Olivenöl
2 TL schwarze Pfefferkörner und 1 TL
Fenchelsamen für die Gewürzmühle
mildes Chilisalz

FÜR DIE STEINPILZE:

200 g kleine feste Steinpilze
1 Schalotte
1 TL braune Butter (siehe S. 38)
1 Knoblauchzehe (in Scheiben)
getr. Oregano
1 Msp. abgeriebene unbehandelte
Zitronenschale
mildes Chilisalz

1 Für die Steaks die Zwiebel schälen, in feine Würfel schneiden und in einer Pfanne mit 50 ml Wasser weich garen, bis die Flüssigkeit eingekocht ist. Die weiche Butter schaumig rühren und Zwiebel, Senf, Meerrettich, Rosmarin, Petersilie, Parmesan und Weißbrotbrösel unterrühren. Die Gratiniermasse mit Chilisalz und 1 Prise Zucker würzen, mithilfe von Backpapier zu einer Rolle von etwa 3 cm Durchmesser formen und ½ bis 1 Stunde kühl stellen.

2 Währenddessen für das Pesto aus den Zutaten wie beim Kräuter-Risotto beschrieben eine Paste zubereiten, dabei anstelle des Spinats die Petersilie verwenden (siehe S. 54).

3 Für die Steinpilze die Pilze putzen, trocken abreiben und in Spalten oder ½ cm dünne Scheiben schneiden. Die Schalotte schälen und in feine Würfel schneiden. Eine Pfanne ohne Fett bei mittlerer Temperatur erhitzen und die Steinpilze darin einige Minuten hell anrösten, dann aus der Pfanne nehmen. Die Pfanne erneut bei mittlerer Temperatur erhitzen, die braune Butter darin mit einem Pinsel verstreichen und die Schalottenwürfel etwas andünsten. Die Steinpilze mit dem Knoblauch hinzufügen und mit 1 Prise Oregano, der Zitronenschale, dem Chilisalz sowie ebenfalls mit etwas Pfeffer-Fenchel-Mischung aus der Gewürzmühle würzen.

4 Den Backofengrill auf 240 °C vorheizen. Für die Steaks eine große Grillpfanne bei mittlerer Temperatur erhitzen, das Öl mit einem Pinsel darin verstreichen und die Steaks 2 bis 3 Minuten anbraten, bis an der Oberseite erste Fleischsaftperlen sichtbar sind. Die Steaks wenden und weiterbraten, bis erneut Fleischsaftperlen austreten. Herausnehmen und auf ein Backblech legen.

5 Die Steaks zuerst mit dem Pesto bestreichen, dann die Gratiniermasse in dünne Scheiben schneiden und leicht überlappend auf das Pesto legen. Die Steaks unter dem Backofengrill auf der mittleren Schiene etwa 4 Minuten goldbraun überbacken.

6 Zum Servieren die Steaks auf vorgewärmten Tellern anrichten und die Steinpilze danebenlegen. Nach Belieben alles noch mit dem restlichen Pesto beträufeln.

WILDSCHWEINRAGOUT ABRUZZO
mit Kräuternudeln und Apfelwürfeln

ZUTATEN FÜR 4 PERSONEN

FÜR DAS RAGOUT:

1 kg Wildschweinfleisch
(aus der Schulter)
150 g Knollensellerie · 1 Karotte
2 Zwiebeln · 1–2 TL Puderzucker
1 EL Tomatenmark · ¼ l Rotwein
¾ l Hühnerbrühe
1 Lorbeerblatt, je ½ TL schwarze
Pfeffer- und Korianderkörner, 5 angedrückte Wacholderbeeren, 1 Splitter
Zimtrinde und 5 Pimentkörner für den
Einmalteebeutel
1–2 TL Speisestärke
je 1 Msp. abgeriebene unbehandelte
Zitronen- und Orangenschale
½ TL gehackte Zartbitterschokolade
1 Knoblauchzehe (in Scheiben)
2 Scheiben Ingwer · mildes Chilisalz

FÜR DIE APFELWÜRFEL:

1 säuerlicher Apfel (z. B. Elstar)
½ TL Puderzucker
3 Scheiben Ingwer · 1 Splitter Zimtrinde
3 cm Vanilleschote · 1 EL kalte Butter

FÜR DIE KRÄUTERNUDELN:

200 g Fusilli (ersatzweise andere kurze
Nudeln, z. B. Spirelli oder Penne)
Salz · 1 Lorbeerblatt · 3 Scheiben Ingwer
1 Knoblauchzehe (in Scheiben)
1 kleine getr. rote Chilischote
80 ml Gemüsebrühe
je 1 EL Petersilienblätter und Dillspitzen (frisch geschnitten)
1 EL mildes Olivenöl

1 Für das Ragout das Fleisch von groben Sehnen befreien und in
3 bis 4 cm große Würfel schneiden. Sellerie, Karotte und Zwiebeln
schälen und in kleine Würfel schneiden. Den Puderzucker in einem
Bräter bei milder Hitze hell karamellisieren. Das Tomatenmark
dazugeben und kurz mitdünsten. Ein Drittel des Weins dazugießen
und einkochen lassen, nach und nach übrigen Wein hinzufügen und
jeweils sämig einköcheln lassen. Die Brühe dazugießen und Fleisch
und Gemüse hinzufügen. Alles mit einem Blatt Backpapier bedecken und knapp unter dem Siedepunkt 2 ½ bis 3 Stunden schmo-
ren. Etwa 30 Minuten vor Ende der Garzeit die ganzen Gewürze in
einen Einwegteebeutel füllen, verschließen und zum Ragout geben.

2 Das Fleisch herausnehmen und beiseitestellen. Die Sauce durch
ein Sieb in einen Topf gießen und erhitzen. Die Speisestärke mit
etwas kaltem Wasser glatt rühren, in die Sauce geben und 2 Minuten leicht köcheln lassen, bis diese sämig bindet. Zitrusschalen mit
Schokolade, Knoblauch und Ingwer in die Sauce geben, das Fleisch
hinzufügen und darin erwärmen. Zuletzt das Ragout mit Chilisalz
würzen, den Ingwer wieder entfernen.

3 Währenddessen für die Apfelwürfel den Apfel waschen, vierteln
und entkernen. Die Apfelviertel in etwa 1 cm große Würfel schneiden. Den Puderzucker in einer Pfanne bei milder Hitze hell karamellisieren, Ingwer, Zimt und Vanille hinzufügen und die Apfelwürfel
darin andünsten. Die kalte Butter untermischen und die Pfanne
vom Herd nehmen, ganze Gewürze wieder entfernen.

4 Für die Kräuternudeln die Fusilli in reichlich kochendem Salzwasser mit Lorbeerblatt, Ingwer, Knoblauch und Chilischote 1 bis
2 Minuten kürzer als auf der Packung angegeben garen. Die Nudeln
in ein Sieb abgießen und abtropfen lassen, die ganzen Gewürze
wieder entfernen. Die Brühe mit den Kräutern in einer tiefen Pfanne
erhitzen. Die vorgegarten Nudeln dazugeben und darin etwa
2 Minuten garen, bis sie fast die gesamte Flüssigkeit aufgenommen
haben. Zuletzt das Olivenöl unterrühren.

5 Zum Servieren das Wildschweinragout mit Kräuternudeln und
Apfelwürfeln auf vorgewärmten Tellern anrichten.

KANINCHEN
mit gebratener Kartoffel und Löwenzahnsalat

―――――――――

1 Für das Kaninchen die Zwiebel schälen und das Lorbeerblatt mit der Gewürznelke auf der Zwiebel feststecken. In einem Topf die Brühe mit der gespickten Zwiebel, Piment- und Pfefferkörnern und Chilischote aufkochen. Die Kaninchenkeulen waschen, trocken tupfen und zur Brühe geben (sie sollten von der Brühe gut bedeckt sein). Knapp unter dem Siedepunkt 1 bis 1½ Stunden garen. Die Keulen aus dem Kochsud nehmen, etwas abkühlen lassen und in die Muskelsegmente zerpflücken. 300 ml Kaninchenkochsud für Karotten und Sauce abnehmen, den Rest anderweitig verwenden.

2 Die Karotten putzen, schälen und das Grün bis auf 1 cm entfernen. In kochendem Salzwasser etwa 4 Minuten bissfest garen. In ein Sieb abgießen, kalt abschrecken und gut abtropfen lassen. Mit 50 ml Kaninchenkochsud in einer Pfanne erhitzen, die kalte Butter hinzufügen und alles mit Chilisalz würzen.

3 Die Kartoffel waschen, schälen und aus der Mitte längs 4 etwa ½ cm dünne Scheiben herausschneiden (den Rest anderweitig verwenden). Die Kartoffelscheiben in kochendem Salzwasser fast weich garen. Herausnehmen, kalt abschrecken und trocken tupfen.

4 Für die Sauce den Puderzucker in einem Topf bei milder Hitze hell karamellisieren, den Wein dazugießen und auf ein Drittel einköcheln lassen. Den restlichen ¼ l Kaninchenkochsud hinzufügen und 1 bis 2 Minuten köcheln lassen. Die Sahne dazugeben und alles einmal aufkochen. Die Speisestärke mit wenig kaltem Wasser glatt rühren, in die Sauce geben und köcheln lassen, bis diese sämig bindet. Zuletzt die kalte Butter mit dem Stabmixer unterrühren und die Sauce mit Salz und Chili würzen. Die Kräuter ebenfalls untermixen und die Kaninchenteile darin warm halten.

5 Eine Pfanne bei mittlerer Temperatur erhitzen, die braune Butter mit einem Pinsel darin verstreichen und die Kartoffelscheiben goldbraun anbraten. Mit je 1 Prise Kümmel, Majoran und Chilisalz würzen. Löwenzahn und Feldsalat putzen, waschen und trocken schleudern. Mit Zitronensaft, Olivenöl, Chilisalz und 1 Prise Zucker marinieren. Je 1 Kartoffelscheibe auf vorgewärmte Teller legen und Kaninchen mit Sauce, Karotten und Salat darauf anrichten.

ZUTATEN FÜR 4 PERSONEN

FÜR DAS KANINCHEN:
1 kleine Zwiebel · 1 Lorbeerblatt
1 Gewürznelke · 1½ – 2 l Hühnerbrühe
3 Pimentkörner
½ TL schwarze Pfefferkörner
1 kleine getr. rote Chilischote
4 Kaninchenkeulen (à ca. 250 g)

FÜR DIE KAROTTEN:
12 Mini-Karotten · Salz
1 TL kalte Butter · mildes Chilisalz

FÜR DIE KARTOFFEL:
1 große, vorwiegend festkochende
Kartoffel (ca. 350 g) · Salz
1 TL braune Butter (siehe S. 38)
gemahlener Kümmel und getr. Majoran
(ersatzweise Bratkartoffelgewürz)
mildes Chilisalz

FÜR DIE SAUCE:
1 EL Puderzucker
100 ml trockener Weißwein
100 g Sahne · 2 TL Speisestärke
1 EL kalte Butter
Salz · mildes Chilipulver
1 EL gemischte Kräuterblätter
(z. B. wenig Dill und Estragon, Kerbel,
etwas Petersilie; frisch geschnitten)

FÜR DEN SALAT:
je 2 Handvoll gelber Löwenzahnsalat
und Feldsalat (à ca. 40 g)
1 TL Zitronensaft · 1 TL mildes Olivenöl
mildes Chilisalz · Zucker

Zitrone

Nougat

Aprikosen

Beeren

Mandeln

Trauben

Espresso

Pistazien

Schokolade

Süß

von Angelika Schwalber

BIRNEN-PANNA-COTTA
mit Kardamom auf Pflaumen-Carpaccio

ZUTATEN FÜR 8 PERSONEN

FÜR DIE PANNA COTTA:
5 Blatt Gelatine
2 Eigelb
40 g Zucker
400 g Sahne
3 Kardamomkapseln
1 Stück Vanilleschote (3 cm)
Salz
100 g Birnenpüree (siehe Tipp)
2 EL Zitronensaft
1 Msp. abgeriebene unbehandelte
Zitronenschale

FÜR DIE SAUCE UND DAS CARPACCIO:
2 EL Zucker
50 ml Portwein
Saft von ½ Orange
30 g gehackte Zartbitterkuvertüre
1 Stück Vanilleschote (3 cm)
3 Sternanis
¼ Zimtstange
1 Stück unbehandelte Orangenschale
(2 cm)

AUSSERDEM:
ca. 8 Pflaumen

1 Für die Panna cotta die Gelatine nach Packungsanweisung in kaltem Wasser einweichen. Die Eigelbe mit dem Zucker in einer Metallschüssel mit den Quirlen des Handrührgeräts hellcremig aufschlagen. In einem Topf 200 g Sahne mit Kardamom, Vanilleschote und 1 Prise Salz aufkochen. Die Sahnemischung langsam zur Eigelbmasse gießen und unterrühren. Alles im warmen Wasserbad unter Rühren vorsichtig erhitzen, bis die Creme dicklich ist („zur Rose abziehen", siehe Tipp S. 88). Die Gelatine gut ausdrücken und unter Rühren in der heißen Sahnecreme auflösen. Die Sahnecreme abkühlen lassen und etwa 1 Stunde kühl stellen.

2 Inzwischen das Birnenpüree mit Zitronensaft und -schale verrühren. Die restliche Sahne steif schlagen. Sobald die Sahnecreme zu gelieren beginnt, Vanilleschote und Kardamomkapseln entfernen und das Birnenpüree untermischen. Zuletzt die geschlagene Sahne unterheben. Die Panna cotta auf 8 Silikon-Halbkugelformen (à 7 ½ cm Durchmesser, 3 cm hoch) verteilen und im Tiefkühlfach mindestens 4 Stunden gefrieren lassen.

3 Inzwischen für die Sauce den Zucker in einem Topf hell karamellisieren. Portwein und Orangensaft dazugießen. Sobald sich der Zucker aufgelöst hat, die Zartbitterkuvertüre dazugeben und unter Rühren schmelzen lassen. Die Gewürze hinzufügen und die Schokoladen-Portwein-Sauce abkühlen lassen.

4 Die Panna cotta aus den Formen lösen und auf einem Teller im Kühlschrank mindestens 1 Stunde auftauen lassen. Die Pflaumen waschen, halbieren und entsteinen, die Pflaumenhälften jeweils in dünne Scheiben hobeln. (Alternativ die Pflaumen waschen und das Fruchtfleisch um den Stein herum zu dünnen Scheiben hobeln.)

5 Zum Servieren die Pflaumenscheiben überlappend auf Dessert-tellern verteilen. 1 Panna-cotta-Halbkugel mittig draufsetzen und die Schokosauce rundherum träufeln. Nach Belieben mit Blüten-blättern garnieren und mit Puderzucker bestäuben.

TIPP Für selbst gemachtes Birnenpüree 2 bis 3 reife Birnen viertel, schälen, entkernen. Mit dem Zitronensaft aus dem Rezept pürieren.

TARTUFO AI FIORI E CIOCCOLATO
mit gemischten Beeren

ZUTATEN FÜR 6 PERSONEN

FÜR DEN BEERENTOPF:
150 g gemischte Beeren
(z. B. Him-, Heidel- und Brombeeren)
30 g Amarenakirschen
100 g Zucker
1–2 EL Zitronensaft
80 ml Maraschino
30 ml Rotwein
1 Stück Vanilleschote (2 cm)
je 1 Streifen unbehandelte Zitronen-
und Orangenschale (à 2 cm)
1 Stück Zimtstange (2 cm)

FÜR DAS SCHOKOLADENEIS:
200 g Zartbitterkuvertüre
2 Eier
4 EL Sahne
2 EL Zucker
1 Msp. Vanillemark
200 g geschlagene Sahne

FÜR DIE BLÜTENSCHOKOLADE:
150–200 g grob geriebene Zartbitterkuvertüre (ersatzweise Schokoladen-
blättchen)
je 1–2 EL kleine kandierte Veilchen-
und Rosenblütenblätter

1 Den Beerentopf 1 Woche im Voraus zubereiten. Dafür die Beeren verlesen, putzen, waschen und trocken tupfen. Mit den Amarenakirschen in ein großes, verschließbares Glas geben. Den Zucker mit Zitronensaft, Maraschino, Wein und Gewürzen dazugeben. Alle Zutaten vorsichtig umrühren und das Glas verschließen. Den Beerentopf an einem dunklen, kühlen Ort 1 Woche ziehen lassen.

2 Für das Schokoladeneis (Tartufo) die Kuvertüre hacken und im warmen Wasserbad schmelzen. Die Eier trennen. Die Eigelbe mit der flüssigen Sahne verrühren und im warmen Wasserbad „zur Rose abziehen" (siehe Tipp). Die Eiweiße mit dem Zucker zu einem cremigen Eischnee schlagen. Die geschmolzene Kuvertüre und das Vanillemark unter die Eigelbmischung rühren, dann den Eischnee und die geschlagene Sahne unterheben. Die Mischung in 6 Silikon-Halbkugelformen (à etwa 7 cm Durchmesser, 4 cm hoch) füllen und im Tiefkühlfach 2 Stunden gefrieren lassen.

3 Die Eisformen herausnehmen. Mit einem Löffel jeweils mittig eine etwa 3 cm tiefe und breite Mulde ausstechen und etwas Beerentopf hineingeben. Die gefüllte Mulde mithilfe eines Löffels mit der ausgestochenen Eismasse verschließen. Nochmals 1 Stunde in das Tiefkühlfach stellen.

4 Für die Blütenschokolade die geriebene Kuvertüre mit den Veilchen- und Rosenblütenblättern in einer Schüssel mischen. Das Tartufo zum Servieren in der Blütenschokolade wälzen und mit Früchten und Blüten garnieren.

TIPP Wenn Sie das Rezept kurzfristig machen möchten und keinen Beerentopf im Vorrat haben, können Sie ersatzweise einen Rumtopf oder eingelegte Himbeeren oder Amarenakirschen verwenden. „Zur Rose abziehen" bedeutet, dass die Masse im warmen Wasserbad beständig mit dem Teigschaber vom Schüsselrand weggerührt wird, bis sie etwa 80 °C heiß ist und dicklich wird.
Zur Probe nimmt man den Teigschaber heraus und bläst vorsichtig auf die Creme – bilden sich wellenförmige Linien (die in etwa wie eine Rose aussehen) ist die Creme fertig.

SEMIFREDDO
mit Salbei-Aprikosen

1 Für die Salbei-Aprikosen die getrockneten Aprikosen im Aprikosensaft 2 Stunden einweichen. Danach durch ein Sieb abgießen und in kleine Würfel schneiden, den Saft dabei auffangen.

2 Die Zuckeraprikosen waschen, abtrocknen, halbieren und entsteinen. Den Zucker in einem Topf hell karamellisieren. Zuerst die Zuckeraprikosen dazugeben, dann die Trockenaprikosen hinzufügen und alles kurz dünsten. Den aufgefangenen Aprikosensaft und 4 EL Wasser dazugießen. Zitronensaft und -schale, Vanilleschote und Salbeiblätter dazugeben und die Aprikosen etwa 10 Minuten köcheln. Vom Herd nehmen und abkühlen lassen.

3 Für das Semifreddo (Eisparfait) 2 EL Puderzucker in einer Pfanne hell karamellisieren und die Pistazien unterrühren. Auf ein Backpapier geben und abkühlen lassen, anschließend klein hacken. In einem Topf 40 g Puderzucker hell karamellisieren und 150 g Sahne dazugießen. Die Vanilleschote längs aufschneiden, das Mark herauskratzen und mit der Schote in der Karamellsahne etwa 15 Minuten ziehen lassen, dann die Schote entfernen.

4 Die Eigelbe mit dem restlichen Puderzucker cremig aufschlagen. Die Karamellsahne wieder erhitzen, dazugeben und alles kalt rühren. Die übrige Sahne steif schlagen und unter die Karamellsahne heben. Pistazienkrokant, Salbei-Aprikosen und die Schokoladenraspel unter die Masse mischen und das Ganze in eine mit Frischhaltefolie ausgelegte Kastenform füllen. Mindestens 4 Stunden (am besten über Nacht) im Tiefkühlfach gefrieren lassen.

5 Das Semifreddo 15 bis 20 Minuten vor dem Servieren aus dem Tiefkühlfach nehmen. Mithilfe der Folie aus der Form heben, vorsichtig auf eine Platte geben und die Folie entfernen. Die Zuckeraprikosen waschen, entsteinen und vierteln. Die getrockneten Aprikosen und die Pistazien jeweils halbieren. Das Semifreddo mit Zuckeraprikosen, getrockneten Aprikosen, Pistazien und Schokoladendekor garnieren. In 10 Scheiben schneiden und auf Dessertteller verteilen.

ZUTATEN FÜR 1 KASTENFORM (30 CM LÄNGE)

FÜR DIE SALBEI-APRIKOSEN:
100 g getr. Aprikosen
100 ml Aprikosensaft
100 g Zuckeraprikosen
1 EL Zucker
½ Vanilleschote
2 EL Zitronensaft
1 Streifen unbehandelte Zitronenschale
4 Salbeiblätter

FÜR DAS SEMIFREDDO:
2 EL + 80 g Puderzucker
20 g Pistazienkerne
350 g Sahne
½ Vanilleschote
5 Eigelb
30 g Schokoladenraspel

AUSSERDEM:
5 Zuckeraprikosen
3 getr. Aprikosen
1–2 EL Pistazienkerne
6 Stücke Schokoladendekor
(z. B. Federn oder Spiralen)

CANNOLI „STRACCIATELLE"

ZUTATEN FÜR 12 STÜCK

FÜR DEN TEIG:
250 g Mehl · 30 g Zucker
abgeriebene Schale von ¼ unbehandelten Zitrone
1 Msp. Vanillemark
¼ TL Zimtpulver
Salz · 1 Ei
80 g zerlassene Butter (abgekühlt)
50 ml Marsala

FÜR DIE KIRSCHFÜLLUNG:
1 EL Speisestärke
60 ml Kirschsaft (oder Rotwein)
½ EL Zucker
100 g tiefgekühlte Sauerkirschen
½ Vanilleschote
3 Zimtblüten
1 Streifen unbehandelte Zitronenschale

FÜR DIE STRACCIATELLA-SAHNE:
100 g Schmand
2 EL Zucker · Salz
1 Msp. Vanillemark
1 Msp. abgeriebene unbehandelte
Zitronenschale
25 g gehackte Zartbitterschokolade
½ Banane
1 EL Zitronensaft · 100 g Sahne
1 Päckchen Sahnesteif

AUSSERDEM:
Mehl für die Arbeitsfläche
ca. 1 kg Butterschmalz zum Frittieren
und Einfetten
Cannoliförmchen
100 g Zartbitterkuvertüre
Puderzucker zum Bestäuben

1 Für den Teig das Mehl in eine Schüssel sieben. Zucker, Zitronen-schale, Vanillemark, Zimt und 1 Prise Salz untermischen. Ei, Butter und Marsala dazugeben und alles mit den Knethaken des Hand-rührgeräts zu einem glatten Teig verkneten. Zu einem Rechteck formen, in Frischhaltefolie wickeln und 1 Stunde kühl stellen.

2 Inzwischen für die Füllung die Stärke mit 3 EL Kirschsaft anrüh-ren. Den Zucker in einem Topf hell karamellisieren. Die Kirschen tiefgekühlt dazugeben und den übrigen Kirschsaft dazugießen. Die Gewürze hinzufügen und alles etwa 3 Minuten köcheln lassen. Mit der Stärke binden. Vom Herd nehmen und zugedeckt vollständig abkühlen lassen. Die ganzen Gewürze entfernen.

3 Den Teig halbieren und die Teighälften nacheinander auf der leicht bemehlten Arbeitsfläche mit dem Nudelholz etwa 1 mm dünn zu 2 etwa 36 x 24 cm großen Rechtecken ausrollen. Die Teigrecht-ecke jeweils in 6 Quadrate (à 12 x 12 cm Größe) schneiden.

4 Das Butterschmalz in einem großen Topf oder einer Fritteuse auf 180 °C erhitzen. Die Cannoliförmchen dünn mit Butterschmalz einfetten und die Teigquadrate darauf jeweils über die Ecke aufrollen. Die beiden Teigenden mit etwas Wasser bestreichen und andrücken. Die Cannoli portionsweise im Butterschmalz 3 bis 4 Minuten ausbacken. Mit dem Schaumlöffel herausnehmen, auf Küchenpapier abtropfen und lauwarm abkühlen lassen. Dann die Formen vorsichtig aus den Teigrollen lösen.

5 Für die Stracciatella-Sahne den Schmand mit Zucker, 1 Prise Salz, Vanillemark, Zitronenschale und Schokolade verrühren. Die Banane schälen, mit einer Gabel fein zerdrücken und mit Zitronen-saft mischen. Unter die Schmandcreme rühren. Die Sahne mit dem Sahnesteif steif schlagen und unter die Creme heben.

6 Die Kuvertüre grob hacken, im warmen Wasserbad schmelzen und temperieren (siehe Tipp S. 98). Die offenen Enden der Cannoli jeweils leicht in die zerlassene Kuvertüre tauchen und fest werden lassen. Die Cannoli jeweils in der Mitte mit den Kirschen und an den Öffnungen mit der Stracciatella-Sahne füllen. Mit Puderzucker bestäuben und servieren.

Beim Caffè hört in Italien der Spaß auf. Der kleine Schwarze mit der karamellfarbenen Crema ist mehr oder minder ein Grundnahrungsmittel. Von daher ist es nicht verwunderlich, dass es für den kurzen Genuss am Tresen Preis-Obergrenzen gibt, die von der jeweiligen Kommune festgelegt werden. Im Schnitt liegt dieser Preis bei rund einem Euro. Aber nur am Tresen, also al banco, wie die Italiener sagen. Wer den Fehler macht und sich in der Bar oder

Caffè

im Caffè hinsetzt, der muss mit einer Servicegebühr rechnen, die vom jeweiligen Wirt in beliebiger Höhe festgelegt wird und die sich auch am Unterhaltungsprogramm orientiert. Im berühmten Caffè Florian am Markusplatz in Venedig kostet ein Cappuccino im Sitzen schon mal knapp zehn Euro, dafür aber trägt der Ober eine weiße Fantasieuniform mit goldenen Epauletten und auf der Piazza spielt ein kleines Kammerorchester feine Walzermelodien.

Die ältesten Caffès in Italien

Zwei davon brauen auch heute noch ihren Caffè am Markusplatz in Venedig. Das Florian gibt es seit 1720, auf der anderen Seite der Piazza steht das Quadri, das 1775 gegründet wurde. Dazwischen geschoben hat sich das Caffè Greco in Rom, nahe der spanischen Treppe in der Via Condotti. Dort eröffnete ein Grieche (daher der Name) seinen Kaffeeausschank im Jahre 1760. Als einer der ersten und wohl bekanntesten deutschen Touristen ließ sich Johann Wolfgang von Goethe dort den Caffè schmecken.

Die eleganteste Art mit Espresso zu helfen…

… gibt es in Neapel. Wer viel Geld hat oder wer Gutes tun will, der bestellt sich in einer Bar einen Caffè und einen Caffè sospeso. Letzteres heißt so viel wie einen schwebenden oder aufgeschobenen Kaffee. Der wird nur bezahlt und an Bedürftige ausgeschenkt, die in der Bar nach einem Sospeso fragen. Praktiziert wird der Brauch vor allem in der Altstadt von Neapel und ganz besonders intensiv vor der Weihnachtszeit.

Caffè oder Espresso? Eine kleine Kaffeeologie!

Dass Weißwurst und Cappuccino in gewisser Weise enge Verwandte sind, liegt an den Zeiten, an denen Sie verzehrt werden sollten: Die bayerische Nationalwurst darf in aller Regel das 12-Uhr-Läuten „nicht erleben", der Cappuccino in Italien soll bis 11, maximal 12 Uhr ebenfalls ausgetrunken sein. Warum das so ist, liegt am hohen Milchanteil des Cappuccios, der schwer verdaulich ist. Deshalb trinkt ein Italiener auch nach dem Essen nie einen Cappu, sondern ausschließlich einen Caffè. Allenfalls mit ein wenig Milch verlängert, dann nennt man ihn Macchiato. Die Latte macchiato, das Großstadt-In-Getränk in Glas und Becher, war allerdings in Italien vor allem ein Frühstücksgetränk, das sogar Kinder bekamen. Ihren Siegeszug hat sie – wie soll es anders sein – in München angetreten. Ähnlich wie die Zuppa romana (siehe S. 147) erreichte der Latte-macchiato-Kult in der bayerischen Landeshauptstadt so eine Welle, dass diese sogar nach Italien zurückschwappte. Noch ein Letztes in der kleinen italienischen Kaffeeologie: Südlich des Brenners bestellt man in einer Bar immer einen Caffè (energische Betonung auf dem e) und bekommt dann einen Espresso. Das Wort Espresso wird zwar verstanden, aber weist den Kunden sofort als Deutschen aus.

KARAMELLISIERTES REISDESSERT
mit Reneklodenkompott

FÜR DAS REISDESSERT:

10 g zerlassene Butter
2 EL Rundkornreis
Blätter von 1 Stiel Zitronenthymian
230 ml Milch
1 Ei · 1 Eigelb
60 g Sahne
1 EL Zucker
1 Msp. Vanillemark
abgeriebene Schale von ¼ unbehandelten Zitrone
1 Msp. Zimtpulver
4 EL brauner Zucker zum Flambieren

FÜR DAS RENEKLODENKOMPOTT:

250 g Renekloden
(ersatzweise Aprikosen)
100 g Zucker
50 ml Pflaumen- oder Aprikosenlikör
1 Vanilleschote
1 Msp. abgeriebene unbehandelte
Limettenschale
1 Msp. Zimtpulver
4 Kardamomkapseln
Limettensaft zum Abschmecken

1 Für das Reisdessert 4 ofenfeste Dessertförmchen (à 11 cm Durch-messer, 3 cm hoch) mit der Butter ausstreichen. Den Reis in ½ l Wasser etwa 10 Minuten weich garen. In ein Sieb abgießen, kalt abbrausen und gut abtropfen lassen. Zitronenthymianblätter wa-schen und trocken tupfen. Die Milch mit Ei, Eigelb, Sahne, Zucker, Gewürzen und Zitronenthymian in einem hohen Rührbecher mit dem Stabmixer fein pürieren.

2 Den Backofen auf 160 °C vorheizen. Den gegarten Reis auf die Förmchen verteilen und den Eierguss darübergeben. Die Förmchen in ein mit Wasser gefülltes tiefes Backblech stellen und den Guss im Ofen auf der mittleren Schiene 25 bis 30 Minuten stocken las-sen. Das Reisdessert herausnehmen und abkühlen lassen.

3 Für das Reneklodenkompott die Renekloden waschen, halbieren und entsteinen. Den Zucker in einem Topf hell karamellisieren und den Likör dazugießen. Die Renekloden mit Vanilleschote, Limetten-schale, Zimt und Kardamomkapseln dazugeben. Die Früchte bei milder Hitze langsam weich köcheln. Vanilleschote und Kardamom-kapseln wieder entfernen und das Kompott mit Limettensaft abschmecken.

4 Das abgekühlte Reisdessert zum Servieren mit dem braunen Zucker bestreuen und mit dem Flambierbrenner bräunen. Dann mit dem Reneklodenkompott auf Desserttellern anrichten.

ORANGEN-TORRONE
mit gemischten Nüssen

---

1 Am Vortag für die Torrone-Masse den Honig mit dem Zucker und 2 EL Wasser in einer Schüssel im warmen Wasserbad 30 Minuten unter Rühren erwärmen.

2 Inzwischen 1 Eiweiß mit 1 Prise Salz zu steifem Schnee schlagen. Ein Drittel des Eischnees zum Honig geben und gut unterrühren. Das zweite Drittel dazugeben und untermischen. Anschließend den übrigen Eischnee unterrühren. Die Masse behutsam noch 20 bis 25 Minuten rühren, bis sie eine zähe Konsistenz hat. Aus dem Wasserbad nehmen und 15 bis 20 Minuten abkühlen lassen.

3 Das übrige Eiweiß mit 1 Prise Salz zu steifem Schnee schlagen. Die Torrone-Masse wieder im Wasserbad erwärmen. Den Eischnee erneut in drei Portionen dazugeben und mit der Torrone-Masse verrühren. Vanillemark, Kardamom und Orangenschale untermischen und nach und nach die Nüsse unterheben. Weitere 20 bis 30 Minuten rühren, bis die Masse erneut eindickt.

4 Die Torrone-Masse auf 2 Oblaten jeweils 1 bis 2 cm hoch verstreichen und mit den übrigen Oblaten bedecken. Mit einem Holzbrett und einem Topf darauf beschweren und das Ganze über Nacht fest werden lassen.

5 Das Torrone am nächsten Tag in 36 etwa 2 x 3 cm große Stücke schneiden. Es schmeckt ganz frisch wunderbar, lässt sich aber auch gut ein paar Tage aufbewahren.

TIPP Torrone ist übrigens eine italienische Weihnachtsspezialität, die zu dieser besonderen Jahreszeit keinesfalls fehlen darf.

ZUTATEN FÜR CA. 36 STÜCK

100 g heller Honig (z. B. Akazienhonig)
150 g Zucker
2 Eiweiß
Salz
Mark von ½ Vanilleschote
1 Msp. gemahlener Kardamom
½ TL abgeriebene unbehandelte Orangenschale
60 g blanchierte Mandelkerne
60 g blanchierte Haselnusskerne
50 g Cashewkerne
30 g Pistazienkerne
4 rechteckige Oblaten (ca. 9 x 13 cm)

MANDEL-PISTAZIEN-KÜSSE
im Schokomantel

ZUTATEN FÜR CA. 16 STÜCK

FÜR DIE MANDELMASSE:
50 g Mandelmus
30 g brauner Zucker
20 g Puderzucker
40 g gemahlene Pistazienkerne
30 g Eiweiß
20 g Mehl
½ gestr. TL Backpulver
3–4 Tropfen Bittermandelöl
1–2 EL gemahlene Mandeln
1 Msp. Vanillemark
1 Msp. abgeriebene unbehandelte
Orangenschale

AUSSERDEM:
30 g Mandelblättchen
2–3 EL Aprikosenkonfitüre
150 g Zartbitterkuvertüre

1 Für die Mandelmasse alle Zutaten im Blitzhacker zu einer glatten Masse verarbeiten. In eine Schüssel füllen, mit Frischhaltefolie abdecken und die Mandelmasse 1 Stunde in den Kühlschrank stellen.

2 Den Backofen auf 160 °C vorheizen. Ein Backblech mit Backpapier belegen. Die Mandelblättchen auf die Arbeitsfläche geben und die Mandelmasse darauf zu einer etwa 50 cm langen Rolle formen. Die Mandelrolle in 3 cm lange Stücke schneiden und die Enden jeweils leicht abrunden. Die Mandelstäbchen nebeneinander auf das Backblech legen und im Ofen auf der mittleren Schiene etwa 15 Minuten backen.

3 Inzwischen die Aprikosenkonfitüre in einem kleinen Topf erhitzen und unter Rühren 1 bis 2 Minuten köcheln lassen. Die Mandelstäbchen aus dem Ofen nehmen und rundherum mit der Konfitüre bestreichen. Auf dem Kuchengitter abkühlen lassen.

4 Die Kuvertüre grob hacken, in einer Schüssel im warmen Wasserbad schmelzen und temperieren (siehe S. 98). Die abgekühlten Mandelstäbchen schräg bis etwa zur Hälfte in die zerlassene Zartbitterkuvertüre tauchen und die Mandel-Pistazien-Küsse auf dem Kuchengitter fest werden lassen.

VARIANTE Die Mandel-Pistazien-Küsse schmecken auch ohne Schokomantel und dafür als Kugeln mit Konfitürefüllung sehr lecker: Dafür von der Mandelmasse nach dem Kühlen mit zwei Teelöffeln kleine Portionen abstechen, zu Kugeln formen und auf der Arbeitsfläche in den Mandelblättchen wälzen. Mit der Fingerspitze oder einem Kochlöffelstiel in die Mitte jeder Kugel eine kleine Vertiefung drücken und mit etwas Himbeerkonfitüre füllen (insgesamt benötigt man etwa 100 g Konfitüre). Dann die Kugeln wie beschrieben backen, anschließend nicht mit Kuvertüre überziehen, sondern einfach abkühlen lassen.

MARONENHERZEN
mit Arancello

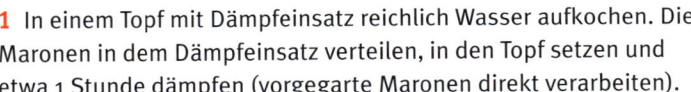

ZUTATEN FÜR CA. 20 STÜCK

500 g Maronen (tiefgekühlt und
aufgetaut; oder vorgegarte,
vakuumierte Maronen)
150 g Puderzucker
2 EL Arancello (ital. Orangenlikör)
1 Msp. Vanillemark
300 g Zartbitterkuvertüre
1 EL Zucker
1 Päckchen Sahnesteif
200 g Sahne

1 In einem Topf mit Dämpfeinsatz reichlich Wasser aufkochen. Die
Maronen in dem Dämpfeinsatz verteilen, in den Topf setzen und
etwa 1 Stunde dämpfen (vorgegarte Maronen direkt verarbeiten).

2 Die Maronen abkühlen lassen (etwas Dämpfwasser aufbewahren), auf der Gemüsereibe fein reiben und, falls möglich, mit dem
Nudelholz walzen. Die Maronenmasse mit Puderzucker, Arancello
und Vanillemark gut mischen. Falls die Masse zu fest ist, etwas
Dämpfwasser hinzufügen. (Alternativ die geriebenen Maronen mit
den genannten Zutaten in einem hohen Rührbecher mit dem Stabmixer fein pürieren.) Die Masse 2 Stunden kühl stellen.

3 Ein Backblech mit Backpapier belegen. Die Maronenmasse in
etwa 20 Portionen (à etwa 30 g) teilen und jede Portion zuerst zu
einer Kugel und diese dann zu einem Tropfen formen. Etwas flach
drücken und nebeneinander auf das Blech legen. Kuvertüre grob
hacken und in einer Schüssel im warmen Wasserbad schmelzen
und temperieren (siehe Tipp). Maronentropfen mit einem kleinen
Messer von der runden Seite her bis zur Mitte aufspießen und bis
zur oberen Kante in die zerlassene Kuvertüre tauchen. Kurz abtropfen lassen, auf dem Backpapier fest werden lassen, kühl stellen.

4 Zucker und Sahnesteif mischen und die Sahne mit der Mischung
steif schlagen. In einen Spritzbeutel mit mittlerer Sterntülle füllen.
In die Maronenherzen an der runden, nicht überzogenen Seite eine
Vertiefung schneiden und die Sahne dekorativ aufspritzen.

TIPP Zum Temperieren zwei Drittel der Kuvertüre grob hacken und
im warmen Wasserbad schmelzen (40 bis 45 °C). Restliche Kuvertüre
fein hacken. Ein Drittel der flüssigen Kuvertüre abnehmen und warm
halten. Restliche flüssige Schokolade aus dem Wasserbad nehmen
und die fein gehackte Kuvertüre untermischen, bis alles auf 27 bis
28 °C abgekühlt ist. Um die Kuvertüre wieder zu erwärmen, nach
und nach die abgenommene flüssige Kuvertüre unterrühren, bis
die richtige Temperatur erreicht ist: weiße Kuvertüre 28 bis 29 °C,
Vollmilchkuvertüre 29 bis 30 °C, Zartbitterkuvertüre 31 bis 32 °C.
Zur Probe eine Messerklinge hineintauchen: Zieht die Kuvertüre in
kurzer Zeit ohne Streifen an und glänzt, ist sie richtig temperiert.

CIAMBELLE SICILIANE
mit Mandarinenmarmelade

ZUTATEN FÜR CA. 20 STÜCK

FÜR DEN CIAMBELLE-TEIG:
100 g Zucker
1 Ei
1 Eigelb
1 Msp. Vanillemark
½ TL Honig
Salz
abgeriebene Schale von 1 unbehandelten Mandarine und ½ unbehandelten Zitrone
125 g Mehl

AUSSERDEM:
100 g Mandarinenmarmelade
Puderzucker zum Bestäuben

1 Für den Ciambelle-Teig den Zucker, das Ei und das Eigelb mit Vanillemark, Honig, 1 Prise Salz und Zitrusschalen in einer Schüssel mit den Quirlen des Handrührgeräts schaumig rühren. Das Mehl sieben und nach und nach unterheben.

2 Den Backofen auf 200 °C vorheizen. Ein Backblech mit Back-papier belegen. Den Ciambelle-Teig in einen Spritzbeutel mit mitt-lerer Lochtülle füllen und damit nebeneinander etwa 4 x 2 ½ cm lange Streifen auf das Blech spritzen. Dabei zwischen den Teig-streifen ausreichend Platz lassen, da diese beim Backen aufgehen.

3 Die Ciambelle im Ofen auf der mittleren Schiene 4 bis 5 Minuten backen, dabei das Gebäck stets im Auge behalten, damit es nicht zu dunkel wird. Herausnehmen und abkühlen lassen. Die Mandari-nenmarmelade glatt rühren und die glatten Seiten der abgekühlten Plätzchen damit bestreichen. Immer 2 Plätzchen zusammensetzen und mit etwas Puderzucker bestäuben.

TIPP Diese sizilianischen Plätzchen schmecken übrigens auch ohne die Marmeladenfüllung sehr gut. In einer luftdicht verschließ-baren Dose halten die Ciambelle lange frisch.

ZIMT-CORNETTI MIT ORANGE

1 Am Vortag für den Vorteig Mehl und Hefe mit 100 ml Wasser verrühren und mit Frischhaltefolie zugedeckt bei Zimmertemperatur 2 Stunden gehen lassen. Dann den Vorteig 12 Stunden kühl stellen. Am nächsten Tag für den Hauptteig die Milch erwärmen und die Hefe darin auflösen. Hefemilch, Vorteig, Mehl, Zucker, Honig, Olivenöl, Eier, 5 g Salz, Vanillemark und Zitronenschale in eine große Schüssel geben und 20 Minuten kneten. Teig zugedeckt bei Zimmertemperatur 1 Stunde ruhen lassen, dabei alle 20 Minuten falten: Teig mit den Händen flach drücken, die Seiten nach innen einklappen (falten) und wieder in die Schüssel geben. Nach dem dritten Falten den Teig zugedeckt weitere 40 Minuten ruhen lassen.

2 Für den Butterziegel Butter mit Mehl und Orangenschale verkneten und auf Backpapier zu einer 12 x 18 cm großen Platte formen. Für die Füllung Eigelbe, Mehl und 4 EL Mandeldrink glatt rühren. Übrigen Mandeldrink mit Zucker, 1 Prise Salz und Vanilleschote aufkochen. Vom Herd nehmen, Schote entfernen und die Eigelbmischung unter Rühren hinzufügen (binden). Mit Frischhaltefolie zugedeckt abkühlen lassen.

3 Hefeteig auf der leicht bemehlten Arbeitsfläche zu einem 20 x 30 cm großen Rechteck ausrollen. Den Butterziegel auf eine Hälfte legen, die andere darüberklappen und die Teigränder nach unten einschlagen. Nun für eine einfache Tour den Teig 20 x 30 cm groß ausrollen und die schmalen Seiten so übereinanderlegen, dass drei Lagen entstehen. Den gefalteten Teig wieder 20 x 30 cm groß ausrollen. Mit Frischhaltefolie zugedeckt 10 Minuten kühl stellen. Diesen Vorgang noch zweimal wiederholen, dann den Teig auf 45 x 30 cm ausrollen. Das Rechteck längs halbieren und aus jeder Hälfte 9 Dreiecke schneiden. Je 1 walnussgroße Menge Füllung auf die breite Seite der Dreiecke geben, Seiten mit etwas Wasser bestreichen und zur Spitze hin zu Hörnchen aufrollen. Auf ein mit Backpapier belegtes Blech setzen, zugedeckt 20 Minuten gehen lassen.

4 Den Backofen auf 180 °C vorheizen. Eigelb mit Zucker und Milch verrühren, die Hörnchen damit bestreichen und mit Mandelblättchen bestreuen. In den Ofen auf die mittlere Schiene schieben und 1 Schnapsglas Wasser unter das Blech in den Ofen gießen. Die Ofentür sofort schließen, damit der Dampf im Ofen bleibt. Die Cornetti 15 bis 18 Minuten backen. Herausnehmen, noch heiß mit Butter bestreichen und mit Zimtzucker bestreuen.

ZUTATEN FÜR 18 STÜCK

FÜR DEN VORTEIG:
100 g Mehl (Type 550)
1 g frische Hefe

FÜR DEN HAUPTTEIG:
150 ml Milch
10 g frische Hefe
500 g Mehl (Type 550)
110 g Zucker
1 EL Honig
4 EL Olivenöl
3 Eier · Salz
1 Msp. Vanillemark
etwas unbehandelte Zitronenschale

FÜR DEN BUTTERZIEGEL:
100 g weiche Butter
1 EL Mehl
abgeriebene Schale von ½ unbehandelten Orange

FÜR DIE FÜLLUNG:
3 Eigelb · 25 g Mehl
250 g Mandeldrink
50 g Zucker
Salz
½ Vanilleschote

AUSSERDEM:
Mehl für die Arbeitsfläche
1 Eigelb · 1 EL Zucker
4 EL Milch
Mandelblättchen zum Bestreuen
zerlassene Butter zum Bestreichen
Zimtzucker zum Bestreuen
(siehe Tipp S. 102)

SÜSSE GNOCCHI
mit Johannisbeersalsa

ZUTATEN FÜR 4 PERSONEN

FÜR DIE JOHANNISBEERSALSA:
½ kleine rote Zwiebel
100 g Birnenfruchtfleisch (geschält)
1 kleine Chilischote
150 g Rote Johannisbeeren
100 g Erdbeeren
2 EL Olivenöl
1 EL Zucker
3 EL Orangensaft
1 Stiel Oregano
½ EL Balsamico bianco
1 EL Agavensirup
½ Vanilleschote
4 Pimentkörner
abgeriebene Schale von ½ unbehandelten Limette

FÜR DIE GNOCCHI:
100 g Mehl · Salz
abgeriebene Schale von je ¼ unbehandelten Zitrone und Orange
1 Msp. Vanillemark
100 g Frischkäse (Doppelrahmstufe)
100 g Ziegenfrischkäse
1 Ei · 1 Eigelb
1 EL Zucker

AUSSERDEM:
1 Stiel Oregano
je 1 Scheibe unbehandelte Zitrone
und Orange · Salz
2 EL Butterschmalz
1 EL Butter
1 EL Zimtzucker (siehe Tipp)

1 Für die Johannisbeersalsa die Zwiebel schälen und in feine Würfel schneiden. Das Birnenfruchtfleisch in kleine Würfel schneiden. Die Chilischote längs halbieren, entkernen, waschen und fein hacken. Die Johannisbeeren verlesen, waschen und von den Rispen streifen. Die Erdbeeren waschen, putzen und in kleine Würfel schneiden.

2 Das Olivenöl in einer Pfanne erhitzen und die Zwiebelwürfel darin andünsten. Den Zucker darüberstreuen und hell karamellisieren. Die Birnenwürfel und die Chili dazugeben und mit dem Orangensaft ablöschen. Johannisbeeren und die Erdbeeren untermischen. Den Oregano waschen und mit Essig, Agavensirup, Vanilleschote, Pimentkörner und Limettenschale in die Pfanne geben und die Salsa bei milder Hitze etwa 30 Minuten dickflüssig einköcheln lassen. Anschließend die Salsa abkühlen lassen.

3 Für die Gnocchi das Mehl sieben und 1 Prise Salz, Zitronen- und Orangenschale sowie Vanillemark untermischen. Die restlichen Zutaten dazugeben und alles zu einen glatten Teig verkneten. Den Teig 10 Minuten ruhen lassen.

4 Inzwischen den Oregano waschen. In einem Topf etwa 1½ l Wasser mit der Zitronen- und Orangenscheibe, 1 Prise Salz und dem Oregano aufkochen. Aus dem Teig mit einem Teelöffel kleine Portionen abstechen, zu Gnocchi formen und im kochenden Wasser 3 bis 4 Minuten ziehen lassen. Mit dem Schaumlöffel herausheben und gut abtropfen lassen.

5 Das Butterschmalz in einer Pfanne erhitzen und die Gnocchi darin rundherum goldbraun braten. Die Butter und den Zimtzucker hinzufügen und die Gnocchi hell karamellisieren. Die Gnocchi auf der kalten Johannisbeersalsa anrichten und nach Belieben mit Minzeblättchen garnieren.

TIPP Zimtzucker selbst machen? Dafür einfach in einem verschließbaren Glas 50 g Zucker mit ¼ TL Zimtpulver mischen. Fertig!

CICIRATA
mit rosa Traubensuppe

ZUTATEN FÜR 4 PERSONEN

FÜR DEN TEIG:
30 g Butter
200 g Mehl
1 EL Zucker
Salz
Mark von ½ Vanilleschote
abgeriebene Schale von 1 unbehandelten Zitrone und ½ unbehandelten Orange
2 EL Limoncello (ital. Zitronenlikör)
1 Ei
1 Eigelb

FÜR DIE TRAUBENSUPPE:
200 g rote Weintrauben
1 EL Speisestärke
100 ml roter Traubensaft
50 g Zucker
100 ml Rosé-Wein
Saft von 1 Zitrone
1 Streifen unbehandelte Zitronenschale
1 Stück Vanilleschote (3 cm)

AUSSERDEM:
500 g Butterschmalz zum Frittieren
100 g Sahne
Minzeblätter

1 Für den Teig die Butter zerlassen und abkühlen lassen. Das Mehl in eine Schüssel sieben und mit Zucker, 1 Prise Salz, Vanillemark und Zitrusschalen mischen. Den Limoncello, die zerlassene Butter, das Ei und das Eigelb dazugeben und alles mit den Händen rasch zu einem glatten Teig verkneten. Zu einem Rechteck formen, in Frischhaltefolie wickeln und 30 Minuten kühl stellen.

2 Für die Traubensuppe die Trauben waschen. Die Stärke mit 3 EL Traubensaft anrühren. Den Zucker in einem Topf hell karamel-lisieren und die Trauben dazugeben. Mit dem Wein, dem restlichen Saft und dem Zitronensaft ablöschen. Die Zitronenschale und das Vanilleschotenstück dazugeben und 5 bis 10 Minuten köcheln.

3 Die Suppe durch ein Sieb in einen weiteren Topf gießen und mit dem Schöpflöffel die Trauben ausdrücken. Die Suppe mit der ange-rührten Stärke binden und so lange köcheln lassen, bis sie klar ist. In eine Schüssel geben und im kalten Wasserbad abkühlen lassen, dabei öfters umrühren, damit sich keine Haut bildet.

4 Den Teig in Portionen teilen und auf der Arbeitsfläche in Grissini-dünne Stangen rollen, kleine Stücke abschneiden und zu Kugeln formen, sie sollten die Größe von Kichererbsen haben.

5 Das Butterschmalz in einem Topf erhitzen und die Kugeln darin goldgelb backen. Mit dem Schaumlöffel herausnehmen und auf Küchenpapier abtropfen und abkühlen lassen.

6 Die Sahne steif schlagen. Zum Servieren jeweils etwas Suppe in einen tiefen Teller oder in ein Glas geben und je einige Cicirata und einen Klecks geschlagene Sahne daraufgeben. Mit Weintrauben und Minze garnieren.

FRUCHTMILCHSCHNITTEN
mit Zabaione

ZUTATEN FÜR 18 STÜCK

FÜR DIE MILCHSCHNITTEN:
2 Eier
40 g Zucker
Salz
1 Msp. Vanillemark
1 Msp. abgeriebene unbehandelte
Zitronenschale
50 g Mehl
¼ l Milch
50 g Rote Johannisbeeren
1 EL Speisequark (20 % Fett)
abgeriebene Schale von ½ unbehandelten Orange
200 g Butterschmalz oder Sonnen-
blumenöl
30 g Löffelbiskuits (gerieben)
20 g feine Kokosraspel
1 TL Zimtzucker (siehe Tipp S. 102)

FÜR DIE ZABAIONE:
3 Eigelb
45 g Zucker
50 ml warmer Weißwein
Salz
1 Msp. Vanillemark
abgeriebene Schale und
Saft von 1 unbehandelten Zitrone
3 EL Marsala

1 Am Vortag für die Milchschnitten 1 Ei trennen. Das Eigelb mit dem übrigen Ei, dem Zucker, 1 Prise Salz, dem Vanillemark und der Zitronenschale in einer Schüssel mit den Quirlen des Handrührgeräts schaumig rühren. Das Eiweiß zugedeckt kühl stellen. Das Mehl sieben und nach und nach unterrühren. Die Milch in einem Topf erhitzen und ebenfalls nach und nach unter die Eiermasse rühren. Die Creme in einen Topf geben und auf dem Herd bei mittlerer Hitze unter Rühren dicklich einköcheln lassen. Dabei aufpassen, dass keine Klümpchen entstehen (ggf. durch ein Sieb streichen).

2 Die Johannisbeeren verlesen, waschen, trocken tupfen, von den Rispen streifen und mit dem Quark und der Orangenschale unter die Creme rühren. Die Creme in eine mit Frischhaltefolie ausgelegte rechteckige Form (15 x 12 cm) 1 ½ cm hoch einfüllen und glatt streichen. Über Nacht zugedeckt kühl stellen.

3 Am nächsten Tag für die Zabaione die Eigelbe und den Zucker in einer Schüssel im warmen Wasserbad mit dem Schneebesen mit der Hand hellschaumig aufschlagen. Den Wein mit 1 Prise Salz, Vanillemark, Zitronenschale und -saft und Marsala mischen und nach und nach unterrühren. Etwa 5 Minuten weiterschlagen, bis die Masse dicklich ist. Dann über einer Schüssel mit Eiswasser so lange weiterrühren, bis die Zabaione vollständig abgekühlt ist.

4 Die Milchcreme aus der Form lösen und in 18 gleich große Stücke (2 x 5 cm) schneiden. Das Butterschmalz in einer Pfanne erhitzen. Das Eiweiß aus dem Kühlschrank nehmen und in einem tiefen Teller mit einer Gabel etwas verquirlen. Die Löffelbiskuits und die Kokosraspel in einem tiefen Teller mischen. Die Schnitten vorsichtig zuerst im Eiweiß wenden, dann in den Bröseln wälzen und anschließend im heißen Butterschmalz von beiden Seiten goldgelb backen. Auf Küchenpapier abtropfen lassen und mit Zimtzucker bestreuen.

5 Sofort etwas Zabaione auf einen Teller geben und die warmen Schnitten darauf anrichten. Nach Belieben mit Johannisbeeren und Minzeblättern garnieren.

ROSE DI CARNEVALE
mit Erdbeerzucker

ZUTATEN FÜR 8 STÜCK

FÜR DEN SCHMALZGEBÄCKTEIG:
1 EL Zucker
35 g Butter
Salz
1 Msp. Vanillemark
abgeriebene Schale von ¼ unbehandelten Zitrone
250 g Mehl
50 ml Weißwein
1 Ei
1 Eigelb

FÜR DEN ERDBEERZUCKER:
16 g gefriergetr. Erdbeeren
200 g Zucker
2 Tropfen Rosenblütenöl

AUSSERDEM:
1 ½ kg Butterschmalz zum Frittieren
Mehl für die Arbeitsfläche
2 EL Puderzucker zum Bestäuben

1 Für den Schmalzgebäckteig den Zucker mit der Butter, 1 Prise Salz, dem Vanillemark und der Zitronenschale verrühren. Das Mehl, den Wein, das Ei und das Eigelb dazugeben und alles mit den Knethaken des Handrührgeräts 10 Minuten zu einem glatten Teig kneten. In Frischhaltefolie wickeln und 1 Stunde kühl stellen.

2 Für den Erdbeerzucker die Erdbeeren mit 2 bis 3 EL Zucker und dem Rosenöl im Küchenmixer fein mahlen. Den restlichen Zucker dazugeben und untermischen.

3 Das Butterschmalz in einem großen Topf oder der Fritteuse auf 180 °C erhitzen. Den Teig auf der bemehlten Arbeitsfläche etwa 2 mm dünn ausrollen und mit einem Ausstecher oder einem Glas 5 cm große Kreise ausstechen. Jeweils 6 Teigkreise so nebeneinander legen, dass sie 1 cm überlappen. Diese Stellen mit etwas Wasser bestreichen. Die zusammenhängenden Teigkreise vorsichtig zu einer Rose aufrollen bzw. wellig aneinanderlegen. Das untere Drittel jeweils zusammendrücken und abschneiden. Auf diese Weise 8 Teigrosen formen.

4 Die Rosen mit den „Blättern" nach oben ins Schmalz legen und jeweils in der Mitte mit einem Holzspieß im Fett festhalten, sodass die Rose nicht umkippt und gleichmäßig ausbacken kann. Sobald die untere Seite goldbraun wird, die Rose wenden und fertig backen. Mit einem Schaumlöffel herausnehmen und auf Küchenpapier abtropfen lassen. Noch heiß rundherum mit dem Erdbeerzucker bestreuen und abkühlen lassen. Die abgekühlten Rosen dünn mit Puderzucker bestäuben.

RICOTTA-ECKEN
mit flambierten Früchten

1 Für den Rührteig die Butter mit dem Puderzucker, 1 Prise Salz, dem Vanillemark und der Zitronenschale leicht schaumig rühren. Die Eier nacheinander unterrühren. Das Mehl mit den Backpulver sieben und gut untermischen. Einen 20 x 25 cm großen Backrahmen auf ein mit Backpapier belegtes Backblech stellen und den Teig hineingeben. Gleichmäßig darin verteilen und glatt streichen. Den Backofen auf 180 °C vorheizen.

2 Für die Ricottamasse die Eier trennen und die Eiweiße mit dem Zucker zu einem cremigen Eischnee schlagen. Die Eigelbe mit dem Ricotta, dem Quark, der Crème fraîche, dem Puddingpulver, 1 Prise Salz, dem Vanillemark und der Zitronenschale vermischen. Den Eischnee unterheben und die Masse gleichmäßig auf den Rührteig streichen. Das Ganze im Ofen auf der mittleren Schiene 30 bis 40 Minuten backen. Herausnehmen und abkühlen lassen.

3 Den Rahmen mit einem Messer vorsichtig lösen und abheben. Den Kuchen in 5 x 5 cm große Stücke schneiden.

4 Für die flambierten Früchte 20 Holzspieße auf etwa 10 cm kürzen und je einen Spieß in eine Ricotta-Ecke stecken. Die Früchte verlesen, waschen, falls nötig, putzen und trocken tupfen. Jeweils so auf die Holzspieße stecken und auf den Törtchen anrichten, dass sie aussehen wie ein Wasserfall: unten etwas mehr Früchte, nach oben hin etwas weniger. Zum Abschluss je 1 Himbeere mit der Öffnung nach oben aufspießen und 1 Zuckerwürfel darauflegen. Kurz vor dem Servieren den Zuckerwürfel mit etwas Stroh-Rum beträufeln und anzünden.

TIPP Die Ricotta-Ecken eignen sich als Dessert oder auch zum Nachmittagskaffee.

ZUTATEN FÜR CA. 20 STÜCK

FÜR DEN RÜHRTEIG:
100 g weiche Butter
100 g Puderzucker
Salz
1 Msp. Vanillemark
1 Msp. abgeriebene unbehandelte Zitronenschale
2 Eier
100 g Mehl
1 TL Backpulver

FÜR DIE RICOTTAMASSE:
2 Eier
60 g Zucker
250 g Ricotta
250 g Speisequark (20 % Fett)
100 g Crème fraîche
½ Päckchen Vanillepuddingpulver
Salz
1 Msp. Vanillemark
abgeriebene Schale von ¼ unbehandelten Zitrone

FÜR DIE FLAMBIERTEN FRÜCHTE:
20 Weintrauben
je 40 Him- und Brombeeren
60 Heidelbeeren
20 Erdbeeren
20 Stück Würfelzucker
20 ml Stroh-Rum

RICOTTA–TÖRTCHEN
mit Früchten

ZUTATEN FÜR 8 STÜCK

FÜR DEN RÜHRTEIG:
180 g weiche Butter
170 g Puderzucker
abgeriebene Schale und Saft
von 1 unbehandelten Zitrone
1 Msp. Vanillemark
Salz
4 Eier
230 g Mehl
1 ½ TL Backpulver
80 ml Milch

FÜR DIE FÜLLUNG:
300 g Ricotta
1 Ei
100 g Zucker
abgeriebene Schale von ¼ unbehandelten Zitrone
1 Msp. Vanillemark

AUSSERDEM:
Butter für die Formen
250 g gemischte Früchte
(z. B. Heidel-, Brom- und Himbeeren,
Aprikosen)

1 Für den Rührteig die Butter und den Puderzucker in einer Schüssel mit den Quirlen des Handrührgeräts schaumig rühren. Zitronenschale und -saft, Vanillemark und 1 Prise Salz unterrühren. Nach und nach die Eier unterrühren. Das Mehl mit dem Backpulver sieben und abwechselnd mit der Milch unterrühren.

2 Den Backofen auf 180 °C vorheizen. 8 Dessertringe (à 7 cm Durchmesser) leicht einfetten. Für die Füllung den Ricotta abtropfen lassen und in einer Schüssel mit allen weiteren Zutaten zu einer glatten Creme verrühren. Die Früchte waschen, putzen und trocken tupfen, falls nötig, entsteinen und klein schneiden.

3 Den Rührteig auf die Dessertringe verteilen und jeweils etwas Ricottafüllung in die Mitte geben, die Früchte darauf verteilen. Die Ricottatörtchen im Ofen auf der mittleren Schiene 25 bis 30 Minuten backen.

4 Die Törtchen aus dem Ofen nehmen und abkühlen lassen. Nach Belieben mit Puderzucker bestäuben und mit Erdbeeren und Melisseblättern garnieren.

TIPP Für diese Törtchen sollten Sie unbedingt auf qualitativ hochwertigen Ricotta achten, sonst kann es passieren, dass er beim Backen nach unten absinkt.

RICCIARELLI
mit Blaubeermantel

1 Für den Plätzchenteig die gemahlenen Mandeln mit dem Backpulver, dem Bittermandelöl, 50 g Puderzucker und dem Mehl mischen. Das Eiweiß mit 1 Prise Salz und dem restlichen Puderzucker zu einem cremigen Schnee schlagen und unter die Mandelmischung heben.

2 Die Mandelmasse halbieren. Unter eine Hälfte das Kakaopulver mischen, unter die andere Hälfte die Zitrusschalen. Jede Teigportion auf der Arbeitsfläche zu einem etwa 25 cm langen Strang formen. Die beiden Stränge miteinander verdrehen und zu einer etwa 30 cm langen Rolle formen.

3 Für den Blaubeerzucker die Blaubeeren mit 2 EL Zucker im Küchenmixer fein mahlen. Den restlichen Zucker dazugeben und gut untermischen.

4 Den Teigstrang rundherum im Blaubeerzucker wälzen und dann mit einem scharfen Messer in 1 cm dicke Scheiben schneiden. Die Teigscheiben nebeneinander auf ein mit Backpapier belegtes Blech legen und 1 Stunde ruhen lassen.

5 Den Backofen auf 120 °C vorheizen. Die Ricciarelli auf der mittleren Schiene 20 Minuten backen. Dann herausnehmen und die Mandelplätzchen noch heiß mit Puderzucker bestäuben.

TIPP Auch ohne den Blaubeermantel schmecken diese Mandelplätzchen ganz hervorragend: Den Teigstrang statt im Blaubeerzucker einfach in 1 bis 2 EL Kakaopulver wälzen.

ZUTATEN FÜR 30 STÜCK

FÜR DEN PLÄTZCHENTEIG:
150 g blanchierte gemahlene Mandeln
½ TL Backpulver
2 Tropfen Bittermandelöl
100 g Puderzucker
½ EL Mehl
1 Eiweiß
Salz
1 EL Kakaopulver
abgeriebene Schale von ½ unbehandelten Zitrone
abgeriebene Schale von 1 unbehandelten Mandarine

FÜR DEN BLAUBEERZUCKER:
10 g gefriergetrocknete Blaubeeren
(aus dem Onlineshop)
100 g Zucker

AUSSERDEM:
Puderzucker zum Bestäuben

PROFITEROLES

ZUTATEN FÜR CA. 90 STÜCK

FÜR DIE CAPPUCCINO-ZIMT-SAHNE:
200 g Sahne
¼ Zimtstange
1 Msp. Vanillemark
½ Vanilleschote
1 EL Kaffeebohnen
1 EL Amaretto (ital. Mandellikör)
2 EL Zucker
½ Päckchen Sahnesteif

FÜR DEN BRANDTEIG:
130 ml Milch
70 g Butter
210 g Mehl
Salz · 4 Eier

FÜR DIE SCHOKOSAUCE:
100 ml gesüßte Kondensmilch
½ Vanilleschote
1 Sternanis
3 EL Kakaopulver
200 g Zartbitterkuvertüre

1 Für die Cappuccino-Zimt-Sahne die Sahne in einem Topf aufkochen. Zimtstange, Vanillemark und -schote, Kaffeebohnen und Amaretto dazugeben und noch einmal etwas erhitzen. Vom Herd nehmen und die Mischung mindestens 4 Stunden kühl stellen.

2 Für den Brandteig die Milch mit 130 ml Wasser und der Butter in einem Topf aufkochen. Das Mehl und 2 Prisen Salz auf einmal dazugeben, zügig mit dem Kochlöffel unterrühren und die Masse im Topf unter ständigem Rühren anrösten, bis sie sich vom Topfboden löst. Dann in eine Schüssel geben und etwas abkühlen lassen. Die Eier einzeln unterrühren und so lange rühren, bis der Teig glatt ist.

3 Backofen auf 200 °C (Umluft) vorheizen. Backbleche mit Backpapier belegen. Teig in einen Spritzbeutel mit mittlerer Lochtülle füllen und walnussgroße Tupfen (etwa 2 ½ cm Durchmesser) nebeneinander auf die Bleche spritzen. Profiteroles im Ofen auf den Blechen 4 Minuten backen. Die Temperatur auf 160 °C reduzieren und weitere 7 Minuten backen. Herausnehmen, abkühlen lassen.

4 Für die Schokosauce die Kondensmilch mit 100 ml Wasser in einem Topf aufkochen. Vanilleschote, Sternanis und Kakaopulver dazugeben und gut unterrühren. Die Kuvertüre hacken, zur Kondensmilchmischung geben und darin schmelzen. Die Schokosauce etwas abkühlen lassen und die Gewürze wieder entfernen.

5 Die Cappuccino-Sahne aus dem Kühlschrank nehmen und durch ein Sieb gießen. Zucker und Sahnesteif mischen und unterrühren. Die Sahne steif schlagen und in einen Spritzbeutel mit kleiner Lochtülle füllen. Die Profiteroles mit der Lochtülle anstechen und mit der Creme füllen. Nach Belieben mit Puderzucker bestäuben. Die Profiteroles auf der Schokosauce anrichten und nach Belieben mit frischen Beeren und Minzeblättchen garnieren.

VARIANTE Für eine Zitronencreme 3 EL Lemon Curd, 2 EL Limoncello (ital. Zitronenlikör) und 1 EL Zitronensaft verrühren. 100 g Sahne mit ½ Päckchen Sahnesteif steif schlagen und unterheben. Für eine Hibiskus-Prosecco-Creme 1 EL Hibiskus-Pulver (Bioladen) mit 2 EL Prosecco, 2 EL Zucker, 1 EL Zitronensaft und 1 Msp. Vanillemark mischen. 100 g geschlagene Sahne unterheben.
Die beiden Creme-Varianten reichen jeweils für 30 Profiteroles.

PASTICCIOTTI

mit Rosmarinpolenta und Kirschen

ZUTATEN FÜR 12 STÜCK

FÜR DEN MÜRBETEIG:

250 g Mehl
100 g Puderzucker
1 Msp. unbehandelte Zitronenschale
1 Msp. Vanillemark
Salz
2 Eigelb
125 g Butter

FÜR DIE POLENTAFÜLLUNG:

1 Zweig Rosmarin
30 g Instant-Polenta (Maisgrieß)
¼ l Milch
3 Eigelb
70 g Zucker
Salz
1 Msp. Vanillemark
1 Msp. unbehandelte Zitronenschale

FÜR DEN BAISER:

1 Eiweiß
Salz
50 g Zucker
1 TL Zitronensaft

AUSSERDEM:

Butter für die Förmchen
Mehl für die Förmchen und
die Arbeitsfläche
36 tiefgekühlte Sauerkirschen
Puderzucker zum Bestäuben

1 Für den Mürbeteig das Mehl auf die Arbeitsfläche sieben und in die Mitte eine Mulde drücken. Den Puderzucker mit der Zitronenschale, dem Vanillemark, 1 Prise Salz und den Eigelben in die Mulden geben. Die Butter in Stücken am Rand verteilen. Alles mit den Händen rasch zu einem glatten Teig verkneten, zu einem Rechteck formen, in Frischhaltefolie wickeln und 1 Stunde kühl stellen.

2 Für die Polentafüllung den Rosmarin waschen. Die Polenta mit der Milch, den Eigelben, dem Zucker, 1 Prise Salz, dem Rosmarin, dem Vanillemark und der Zitronenschale in einem Topf zum Kochen bringen und unter ständigem Rühren 1 Minute kochen lassen. In eine Schüssel füllen und zugedeckt abkühlen lassen.

3 Den Backofen auf 180 °C vorheizen. 12 Tartelettformen (à 7 ½ cm Durchmesser und 2 ½ cm Höhe) einfetten und mit Mehl ausstäuben. Den Mürbeteig auf der bemehlten Arbeitsfläche 5 mm dünn ausrollen und mit einem Ausstecher 12 Kreise (à 9 cm Durchmesser) ausstechen. Die Formen damit auskleiden. Den Rosmarin aus der Polenta entfernen und jeweils etwas Polenta auf den Mürbeteig geben. In die Mitte je 3 Sauerkirschen setzen.

4 Aus dem restlichen Mürbeteig mit einem gewellten Ausstecher 12 Kreise (à 7 cm Durchmesser) ausstechen und aus der Mitte mit einem Blumen-Ausstecher ein Loch ausstechen (ausgestochene Blumen nach Belieben backen und für die Deko verwenden). Die Teigdeckel auf die Kirschen legen und die Pasticciotti im Ofen auf der mittleren Schiene 25 bis 30 Minuten backen.

5 Inzwischen für den Baiser das Eiweiß mit 1 Prise Salz, dem Zucker und dem Zitronensaft mit den Quirlen des Handrührgeräts steif schlagen. Die Törtchen aus dem Ofen nehmen, die Backofentemperatur auf 200 °C erhöhen. Eischnee in einen Spritzbeutel mit mittlerer Sterntülle füllen und jeweils 1 Rosette auf die Pasticciotti spritzen. Im Ofen weitere 2 bis 3 Minuten backen. Herausnehmen, abkühlen lassen und leicht mit Puderzucker bestäuben. Nach Belieben mit Rosmarin anrichten.

SÜSSE ERDBEER-TRAMEZZINI

ZUTATEN FÜR 8 STÜCK

FÜR DIE NOUGATSAHNE:
200 g Sahne
150 g Nougatschokolade
1 Msp. Vanillemark
3 EL Weinbrand

FÜR DIE DEKORMASSE:
50 g Butter
1 Eiweiß
50 g Mehl
2 TL Kakaopulver
50 g Zucker

FÜR DIE BISKUITMASSE:
3 Eiweiß
30 g Zucker
Salz
4 Eigelb
1 Msp. Vanillemark
1 Msp. abgeriebene unbehandelte
Zitronenschale
50 g Mehl
30 g Speisestärke

AUSSERDEM:
400 g Erdbeeren (möglichst kleine)
Pfeffer aus der Mühle

1 Für die Nougatsahne die Hälfte der Sahne in einem Topf erhitzen. Die Nougatschokolade klein hacken und mit dem Vanillemark unter die heiße Sahne rühren und darin schmelzen lassen. Die restliche Sahne und den Weinbrand hinzufügen. Die Nougatsahne 4 Stunden oder über Nacht kühl stellen.

2 Für die Dekormasse die Butter in einem Topf bei milder Hitze zerlassen. Ein Backblech mit Backpapier belegen. Das Eiweiß in einer Schüssel verrühren und das Mehl, das Kakaopulver und den Zucker dazugeben und alles zu einer glatten Masse verrühren. Die flüssige Butter untermischen. Die Masse in eine Garniertüte oder Papierspritztüte füllen und auf das Backpapier in Größe eines Rechtecks à 20 x 40 cm ein Muster aufspritzen. Das Dekor im Tiefkühlfach 20 Minuten gefrieren lassen (dadurch verläuft das Muster nicht).

3 Den Backofen auf 180 °C vorheizen. Den Dekorboden aus dem Tiefkühlfach nehmen und im Ofen auf der mittleren Schiene 2 bis 3 Minuten backen. Herausnehmen. Den Ofen nicht ausschalten.

4 Für die Biskuitmasse die Eiweiße mit dem Zucker und 1 Prise Salz zu einem cremigen Eischnee schlagen. Die Eigelbe mit Vanillemark und Zitronenschale dazugeben und kurz unterrühren. Das Mehl und die Stärke daraufsieben und unterheben. Die Biskuitmasse gleichmäßig auf das Dekormuster streichen und im Ofen auf der mittleren Schiene etwa 10 Minuten backen. Herausnehmen und abkühlen lassen.

5 Die Erdbeeren waschen, putzen und in Scheiben schneiden. Den Biskuitboden in 4 Rechtecke à 10 x 20 cm schneiden. Die Nougatsahne steif schlagen. Zwei Biskuitböden auf der ungemusterten Seite mit etwas Nougatcreme bestreichen und dicht an dicht mit Erdbeeren belegen. Etwas Pfeffer über die Erdbeeren mahlen. Die restliche Sahne in einen Spritzbeutel mit mittlerer Lochtülle füllen und daraufspritzen. Jeweils einen Biskuit mit der gemusterten Seite nach oben darauflegen und leicht andrücken, die Schnitten kühl stellen. Kurz vor dem Servieren mit einem scharfen Messer jeweils diagonal halbieren, sodass „Tramezzini" entstehen.

PIZZELLE
mit Joghurt-Mascarpone-Creme

———————

ZUTATEN FÜR CA. 30 STÜCK

FÜR DEN PIZZELLE-TEIG:

3 Eier
90 g Zucker
60 g Butter
1 EL getr. Sauerkirschen
175 g Mehl
2 TL Backpulver
Mark von ½ Vanilleschote
½ TL Anissamen
1 Msp. abgeriebene unbehandelte
Zitronenschale

FÜR DIE JOGHURTCREME:

100 g Mascarpone
1 EL Puderzucker
130 g Zitronenjoghurt (Fertigprodukt)
40 ml Buttermilch
1 Msp. Vanillemark
1 Msp. abgeriebene unbehandelte
Zitronenschale
Salz
50 g Sahne

AUSSERDEM:

Öl für das Pizelle-Eisen
300 g gemischte Früchte
(z. B. Beeren, Kiwi, Mango)

1 Für den Pizelle-Teig (Waffelteig) die Eier und den Zucker cremig aufschlagen. Die Butter in einem Topf zerlassen und abkühlen lassen. Die getrockneten Kirschen fein hacken. Das Mehl mit dem Backpulver sieben. Die abgekühlte Butter mit dem Vanillemark, den Anissamen und der Zitronenschale unter die Eier-Zucker-Masse rühren. Die Sauerkirschen und die Mehlmischung unterrühren.

2 Das Pizelle-Eisen erhitzen, mit etwas Öl einfetten und mit einem Esslöffel den Teig portionsweise einfüllen. Die Pizelle goldgelb backen, herausnehmen und sofort zu spitz zulaufenden Hörnchen drehen (wie Eiswaffeln).

3 Für die Joghurtcreme den Mascarpone mit dem Puderzucker verrühren. Zitronenjoghurt, Buttermilch, Vanillemark, Zitronenschale und 1 Prise Salz untermischen. Die Sahne steif schlagen und unterheben.

4 Die Früchte verlesen, waschen, trocken tupfen oder schälen und Kiwi und Mango in Stifte schneiden. Die Joghurt-Creme in die Spitze der Pizelle füllen und mit den Fruchtstiften – wie eine Pommestüte – garnieren. Die Pizelle auf einer Platte anrichten und sofort servieren.

VARIANTE Wer mag, kann auch kleinere Pizelle-Waffeln mit dem Eisen backen und sie auf einem Kuchengitter abkühlen lassen. Je 2 Pizelle mit Nougat oder einer Butter-Trüffel-Masse füllen, zusammensetzen und fest werden lassen. Dann bis zur Hälfte in 200 g temperierte Zartbitterkuvertüre (siehe Tipp S. 98) tauchen und nach Belieben mit gefriergetrockneten Erdbeer- oder Himbeerstücken oder gehackten, gerösteten Pistazien oder bunten Zuckerperlen bestreuen.

JOGHURT-CROSTATA
mit Beerenfüllung

1 Für den Mürbeteig den Puderzucker mit der Butter, dem Mehl, dem Orangeat, der Orangenschale, der Milch, 1 Prise Salz und dem Vanillemark mischen und mit den Händen rasch zu einem glatten Teig verkneten. In Frischhaltefolie wickeln und 1 Stunde kühl stellen.

2 Für die Beerenfüllung die Beeren mit dem Gelierzucker in einem Topf mischen. Die Vanilleschote und die Zitronenschale dazugeben, alles zum Kochen bringen und 3 Minuten köcheln lassen. Den Topf vom Herd nehmen und die Zitronensäure unterrühren. In eine Schüssel umfüllen und abkühlen lassen. Vanilleschote und Zitronenschale wieder entfernen.

3 Für die Joghurtfüllung das Mehl mit 2 EL Milch verrühren und die Eigelbe dazugeben. Die restliche Milch mit dem Zucker, 1 Prise Salz, dem Vanillemark und der Zitronenschale in einem Topf erhitzen, das angerührte Mehl unterrühren und alles unter ständigem Rühren 1 bis 2 Minuten kochen lassen. Den Joghurt unterrühren, die Creme vom Herd nehmen und etwas abkühlen lassen.

4 Den Backofen auf 180 °C vorheizen. Die Tarteform einfetten und mit Mehl ausstäuben. Mürbeteig ausrollen und die Form damit auslegen, der Teig sollte etwa 1 cm über den Rand hinausstehen. Überstehenden Teig mit dem Finger rundherum in 1 cm Abstand etwas eindrücken, sodass ein welliger Rand entsteht. Restlichen Mürbeteig (etwa 80 g) beiseitelegen. Joghurtcreme auf dem Teig verteilen, Beerenfüllung darauf verstreichen.

5 Die Crostata im Ofen auf der mittleren Schiene 20 bis 25 Minuten backen. Aus dem übrigen Mürbeteig zwölf 3 ½ cm große Quadrate schneiden und auf einem mit Backpapier belegtem Backblech bei 180 °C 8 bis 10 Minuten backen. Herausnehmen, heiß mit Puderzucker bestäuben und abkühlen lassen.

6 Die Crostata aus dem Ofen nehmen und abkühlen lassen. Zum Garnieren die Sahne mit dem Zucker und dem Sahnesteif steif schlagen und in einen Spritzbeutel mit mittlerer Sterntülle füllen. Sahnetupfen auf die Crostata spritzen, die Teigquadrate auf die Sahnetupfen legen und die Tarte mit den Beeren verzieren.

ZUTATEN FÜR 1 TARTEFORM (22 CM DURCHMESSER)

FÜR DEN MÜRBETEIG:
40 g Puderzucker
100 g Butter
150 g Mehl
20 g Orangeat (fein gehackt)
abgeriebene Schale von ½ unbehandelten Orange
1 EL Milch
Salz
1 Msp. Vanillemark

FÜR DIE BEERENFÜLLUNG:
200 g tiefgekühlte gemischte Beeren
100 g Gelierzucker
1 Stück Vanilleschote (3 cm)
1 Streifen unbehandelte Zitronenschale
1 Msp. Zitronensäure

FÜR DIE JOGHURTFÜLLUNG:
15 g Mehl
170 ml Milch
2 Eigelb
40 g Zucker · Salz
1 Msp. Vanillemark
abgeriebene Schale von ¼ unbehandelten Zitrone
90 g Naturjoghurt

AUSSERDEM:
Butter und Mehl für die Form
Puderzucker zum Bestäuben
150 g Sahne
1 EL Zucker
½ Päckchen Sahnesteif
je 12 Himbeeren und Heidelbeeren

SÜSSE FOCACCIA
mit Aprikosen und Thymian

FÜR DEN HEFETEIG:
5 Zweige Thymian
½ Würfel frische Hefe (21 g)
225 g Mehl
1 TL brauner Zucker
Salz
4 EL Olivenöl
2–3 Aprikosen
2–3 EL Hagelzucker

FÜR DIE FÜLLUNG:
150 ml Milch
3 Eigelb
25 g Mehl
½ Vanilleschote
100 g Sahne
50 g Zucker
abgeriebene Schale von ½ unbehandelten Zitrone

AUSSERDEM:
Mehl für die Arbeitsfläche

1 Für den Hefeteig den Thymian waschen und trocken tupfen. Von 1 Zweig die Blättchen abzupfen. Die Hefe zerbröckeln und in 150 ml lauwarmen Wasser auflösen. Das Mehl mit Zucker, 1 Prise Salz, 2 EL Olivenöl und den Thymianblättchen in eine Schüssel geben. Das Hefewasser dazugießen und alles mit den Knethaken des Handrührgeräts zu einem glatten Teig verkneten. Eventuell noch etwas Mehl unterkneten. Den Teig zugedeckt an einem warmen Ort etwa 30 Minuten gehen lassen.

2 Ein Backblech mit Backpapier belegen. Den Hefeteig auf der bemehlten Arbeitsfläche zu einem Rechteck von 20 x 25 cm ausrollen und auf das Backblech legen. Mit dem restlichen Olivenöl bestreichen und mit einem Kochlöffel oder den Fingern Mulden hineindrücken.

3 Die Aprikosen waschen und vierteln, dabei die Steine entfernen. Mit der Schnittseite nach oben auf dem Teig verteilen, die übrigen Thymianzweige darauflegen und die Focaccia mit dem Hagelzucker bestreuen. Nochmals zugedeckt an einem warmen Ort 15 Minuten gehen lassen.

4 Den Backofen auf 170 °C vorheizen. Die Focaccia im Ofen auf der mittleren Schiene 25 bis 30 Minuten backen. Herausnehmen, mit einem Küchentuch abdecken und vollständig abkühlen lassen.

5 Für die Füllung 2 EL Milch mit den Eigelben gut verrühren und das Mehl unterrühren. Die Vanilleschote längs aufschneiden und das Mark herauskratzen. Die restliche Milch in einem Topf mit der Sahne, dem Zucker und der Vanilleschote sowie -mark zum Kochen bringen. Die Vanilleschote wieder entfernen. Die Milch-Sahne-Mischung etwas abkühlen lassen. Sobald sie etwa 70 °C erreicht hat, die Eigelbmischung unter ständigem Rühren einrühren und alles zu einer festen Creme kochen. Die Zitronenschale unterrühren.

6 Die Focaccia waagerecht durchschneiden, den unteren Boden mit der heißen Vanillecreme bestreichen und mit der oberen Hälfte belegen. Etwas andrücken, in Stücke schneiden und servieren.

FRUCHT-NUSS-KUCHEN
mit Amaretti

**ZUTATEN FÜR 1 TARTEFORM
(22 CM DURCHMESSER)**

200 g Sahne
80 g Zucker
2 Eier
1 Eigelb
1 Msp. Vanillemark
150 g Mehl
1 TL Backpulver
50 g gemahlene Haselnusskerne
½ TL Zimtpulver
Salz
500 g gemischte Beeren
3 EL Aprikosenkonfitüre
50 g Mini-Amaretti oder
2 EL Haselnusskrokant

1 Aus einem Backpapier einen Kreis von etwa 30 cm Durchmesser ausschneiden und die Tarteform damit auslegen. Dabei den Rand des Papiers mit der Schere mehrmals etwa 5 cm tief einschneiden, dann passt sich das Papier besser an die Form an.

2 Den Backofen auf 180 °C vorheizen. Die Sahne mit dem Zucker steif schlagen. Die Eier und das Eigelb sowie das Vanillemark nach und nach dazugeben. Das Mehl und das Backpulver sieben und mit den gemahlenen Haselnüssen, dem Zimt und 1 Prise Salz mischen. Die Mehl-Nuss-Mischung unter die Sahne-Eier-Mischung heben. Den Teig in die Form füllen und gleichmäßig verstreichen.

3 Die Beeren verlesen, waschen, falls nötig, putzen und trocken tupfen. Die Hälfte der Beeren auf dem Teig verteilen und den Kuchen im Ofen auf der mittleren Schiene 30 bis 35 Minuten backen.

4 Den Kuchen herausnehmen und abkühlen lassen. Die Aprikosenkonfitüre erwärmen und den Kuchen damit bestreichen, anschließend mit den restlichen Beeren dicht belegen. Vor dem Servieren mit den Amaretti belegen oder mit dem Haselnusskrokant bestreuen.

DOBOS-TORTE
mit Orangenkaramell

---

1 Am Vortag für den Karamell Saft, Zucker und Butter erwärmen, bis sich der Zucker aufgelöst hat. Die Mischung darf nicht kochen! Mehl einrühren und Karamell zugedeckt 24 Stunden kühl stellen.

2 Für die Glasur die Gelatine einweichen. Zucker, Kakao, Sahne und 60 ml Wasser aufkochen. Gelatine ausdrücken, unter Rühren in der Mischung auflösen. Zugedeckt über Nacht kühl stellen.

3 Für die Böden den Ofen auf 200 °C vorheizen. Die Eier trennen. Die Butter mit 40 g Zucker und dem Vanillemark leicht schaumig rühren. Nach und nach Eigelbe dazugeben und alles glatt rühren. Eiweiße mit restlichem Zucker und 1 Prise Salz steif schlagen. Mehl mit Stärke mischen. Zuerst den Eischnee, dann die Mehlmischung unter die Buttermasse heben. Mithilfe eines Tortenrings 5 Kreise (à 18 cm Durchmesser) auf Backpapier zeichnen und jeweils auf das Backblech legen. Den Teig auf die Kreise verteilen und glatt streichen. Mit den gehackten Nüssen bestreuen und nacheinander im Ofen auf der mittleren Schiene etwa 10 Minuten backen.

4 Für die Creme die Eiweiße im warmen Wasserbad erhitzen und mit 1 Prise Salz zu einem cremigen Eischnee aufschlagen. Zucker mit 50 ml Wasser in einem Topf kochen und auf 104 °C erhitzen. In einem Strahl in den Eischnee rühren und kalt schlagen. Kuvertüre hacken und im warmen Wasserbad schmelzen. Butter schaumig schlagen, Kuvertüre, Kakao und Vanillemark dazugeben, dann den Eischnee sowie den Grappa unterheben.

5 Für die Tränke Läuterzucker mit Grappa mischen. Die Dobosböden mit der Schokoladencreme füllen. Dabei etwas Creme aufbewahren für die Tupfen-Deko, jeden Boden leicht tränken. Torte 3 bis 4 Stunden (am besten über Nacht) kühl stellen.

6 Am nächsten Tag den Backofen auf 160 °C vorheizen. Den Karamell aus dem Kühlschrank hauchdünn auf einen auf Backpapier gezeichneten Kreis (18 cm Durchmesser) streichen und auf einem Blech im Ofen auf der mittleren Schiene etwa 15 Minuten backen. Den obersten Dobosboden mit der Schokoglasur bestreichen. Schokocreme in einen Spritzbeutel mit mittlerer Lochtülle füllen und Tupfen darauf spritzen. Den Karamelldeckel daraufsetzen.

ZUTATEN FÜR 1 TORTE (8 STÜCKE)

FÜR DEN KARAMELL:
125 ml Orangensaft
250 g Zucker
125 g Butter
80 g Mehl

FÜR DIE SCHOKOLADENGLASUR:
3 Blatt Gelatine
110 g Zucker
50 g Kakaopulver
60 g Sahne

FÜR DIE DOBOSBÖDEN:
4 Eier
75 g weiche Butter
140 g Zucker
1 Msp. Vanillemark
1 Eigelb · Salz
75 g Mehl
60 g Speisestärke
60 g gehackte Haselnusskerne

FÜR DIE SCHOKOLADENCREME:
2 Eiweiß · Salz
120 g Zucker
70 g Zartbitterkuvertüre
190 g weiche Butter
2 ½ EL Kakaopulver
1 Msp. Vanillemark
2 – 3 EL Grappa

FÜR DIE GRAPPATRÄNKE:
100 ml Läuterzucker (40 g Zucker mit 70 ml Wasser; einmal aufgekocht)
30 ml Grappa

GIANDUJA-SCHNITTE

ZUTATEN FÜR 1 SCHNITTE (9 STÜCKE)

FÜR DIE SPIEGELGLASUR:
4 Blatt Gelatine · 100 g Zucker
100 g Agavensirup
100 g gehackte Vollmilchkuvertüre
60 ml gezuckerte Kondensmilch

FÜR DIE NOUGATFÜLLUNG:
250 g gehackte Nougatschokolade
200 g Sahne
Mark und Schote von 1 Vanilleschote
150 g Mascarpone
2 EL Kakaopulver
3 EL Nusslikör

FÜR DEN NUSSBODEN:
100 g Butter
100 g Puderzucker
3 Eiweiß
Salz
75 g Mehl
100 g gemahlene Haselnusskerne
½ TL Zimtpulver
1 TL Backpulver
100 g geraspelte Nougatschokolade
50 ml Buttermilch

FÜR DIE NUSSLIKÖRTRÄNKE:
50 g Zucker
2 EL Nusslikör

AUSSERDEM:
karamellisierte Haselnusskerne
Schokoladendekor

1 Am Vortag für die Glasur die Gelatine einweichen. Zucker mit 50 ml Wasser und Agavensirup in einem Topf auf 105 °C erhitzen (Küchenthermometer!). Kuvertüre und Kondensmilch hinzufügen und mit dem Stabmixer unterrühren. (Achtung: keine Luft untermixen!) Gelatine ausdrücken und in der 70 °C heißen Masse (Küchenthermometer!) auflösen. Zugedeckt über Nacht kühl stellen.

2 Für die Füllung die Schokolade in eine Schüssel geben. Sahne mit Vanillemark und -schote aufkochen, zur Schokolade gießen und so lange rühren, bis diese geschmolzen ist. Die Nougatsahne mit Frischhaltefolie abdecken, abkühlen lassen und mindestens 2 Stunden (am besten über Nacht) kühl stellen.

3 Für den Nussboden den Backofen auf 190 °C vorheizen. Ein Backblech mit Backpapier belegen. Die Butter und 30 g Puderzucker in einer Schüssel mit den Quirlen des Handrührgeräts cremig aufschlagen. Die Eiweiße mit 1 Prise Salz und dem restlichen Puderzucker zu einem cremigen Eischnee schlagen. Gesiebtes Mehl, Nüsse, Zimt, Backpulver und Schokolade mischen. Nun im Wechsel mit dem Eischnee und der Buttermilch unter die Buttermasse heben. Den Teig auf dem Blech zu einem Rechteck von 21 x 37 cm verstreichen und im Ofen auf der mittleren Schiene 12 bis 14 Minuten backen. Herausnehmen und abkühlen lassen. Für die Tränke den Zucker und 50 ml Wasser aufkochen und abkühlen lassen. Den Likör dazugeben.

4 Für die Füllung Mascarpone, Kakao und Likör verrühren. Vanilleschote aus der Nougatsahne entfernen und diese nach und nach unter die Mascarponecreme rühren. Den Nussboden in 3 Streifen à 7 x 37 cm schneiden. Einen Backrahmen um den ersten Boden stellen und die Hälfte der Nussfüllung daraufgeben. Zweiten Boden drauflegen, mit der Hälfte der Tränke beträufeln und übrige Füllung glatt darauf verstreichen. Dritten Boden auflegen, andrücken und mit der restlichen Tränke beträufeln. Über Nacht kühl stellen.

5 Am nächsten Tag die Glasur im warmen Wasserbad lauwarm erhitzen. Mit dem Stabmixer aufschlagen. Die Schnitte aus dem Rahmen lösen (Kanten mit einem heißen Messer glätten) und mit der Glasur überziehen. 30 Minuten kühl stellen. Die Schnitte in Stücke schneiden, mit Haselnüssen und Schokodekor garnieren.

Schuld war Napoleon! Obwohl Schuld hier der falsche Begriff ist, denn in diesem besonderen Fall sollten wir uns eigentlich bei dem französischen Kaiser posthum bedanken. Denn ausgerechnet seine Kontinentalsperre (1806 – ca. 1812), mit der er den Import von Waren aller Art aus dem britischen Herrschaftsgebiet auf den europäischen Kontinent unterbunden hat, war der kulinarische Geburtshelfer für das dunkle Nougat. Das heißt eigentlich

Gianduja

Gianduja und kommt aus Turin. Die dortigen Schokoladenhersteller litten damals unter fehlendem Kakao-Nachschub und machten aus der Not eine wohlschmeckende Tugend: Sie streckten ihre Schokolade kurzerhand mit gerösteten Haselnüssen. Gianduja in Pralinenform gibt es auch, die heißen Gianduiotti und haben die Form eines dreickigen Hutes – eine Hommage an den Gianduja, eine Piemonteser Karnevalsfigur aus der Commedia dell'arte.

Das Piemont – Heimat des Genusses

Genuss heißt auf italienisch Sapore. Und der kommt im Piemont wirklich auf seine Kosten. Das fängt unter der Erde an mit den berühmten weißen Trüffeln aus Alba, geht über die Weinberge weiter (Barolo & Barbaresco werden hier gekeltert, berühmt bei den Weißen ist der Roero Arneis) und schließlich ist das Piemont die Heimat von so berühmten Spezialitäten wie Gorgonzola (den Ort gibt es tatsächlich, er liegt in der Nähe von Mailand), Grissini und Martini.

Diese Nuss ist eine sanfte Runde

Ganz im Gegensatz zu der in der Werbung breit getrampelten Piemont-Kirsche, die es nachweislich nicht gibt, ist die Haselnuss aus dem Piemont tatsächlich eine Spezialität. Kein Wunder, denn in diesem Landstrich am Fuß der Alpen (al piè dei monti = Piemont) wachsen überall die Haselnusssträucher. An ihnen reifen Nüsse der Sorte „Tonda gentile", die sanfte Runde. Sie gilt als besonders wohlschmeckend und hält länger als vergleichbare Produkte.

Turin – die Stadt der Schokolade

Turin fährt nicht nur auf (Fiat-)Autos, sondern auch auf Schokolade ab. Kein Wunder, wurde doch die Erhebung Turins zur neuen Hauptstadt des Herzogs Emanuele Filiberto mit einer Tasse heißer Schokolade begossen. Das war anno 1560. Schon im 19. Jahrhundert wurden hier Schokotafeln produziert und Pralinen veredelt. Da ist es nur logisch, dass einer der größten Süß-Konzerne der Welt hier seinen Sitz hat. Ferrero heißt er, und vermutlich haben alle schon mal heimlich aus dem Glas genascht, das den Konzern reich gemacht hat: Nutella, erfunden von Pietro Ferrero. Noch spannender aber sind die kleinen Pralinenmacher, die es heute noch in Turin gibt. Zum Beispiel die Pasticceria Peyrano. Die Familie Peyrano führt eine mittlerweile über 100-jährige Tradition fort, die mit dem Beliefern des Königshauses anfing und abrupt im Jahr 2002 endete, als man sich dazu entschloss, Pasticceria und Produktion zu verkaufen. Aber wir sind ja in Italien, im Land der großen Gefühle. Neun Jahre später kauften die Peyranos alles wieder zurück, weil sie ohne ihr Geschäft nicht leben konnten. Wer darauf einen starken Espresso braucht, geht ins historische Caffè San Tommaso, von dort hat Luigi Lavazza seinen Kaffee-Siegeszug angetreten.

NOCCIOLINI
mit Nougatfüllung

ZUTATEN FÜR CA. 40 STÜCK

FÜR DIE NOCCIOLINI:
120 g Haselnusskerne
200 g Puderzucker
1 Msp. Zimtpulver
1 Msp. Vanillemark
Salz
2 Eiweiß

FÜR DIE FÜLLUNG:
80 g Nuss-Nougat-Masse

1 Am Vortag für die Nocciolini (Makronen) den Backofen auf 180 °C vorheizen. Die Haselnüsse auf einem mit Backpapier belegten Backblech verteilen und im Ofen auf der mittleren Schiene 5 bis 8 Minuten rösten. Die Nüsse in ein sauberes Küchentuch geben und aneinanderreiben, damit sich die braune Haut löst. Anschließend abkühlen lassen.

2 Die abgekühlten Nüsse mit dem Puderzucker in der Küchenmaschine so fein wie möglich mahlen. Dann in einer Schüssel mit dem Zimt, dem Vanillemark und 1 Prise Salz mischen. Die Eiweiße dazugeben und die Mischung im warmen Wasserbad unter Rühren 3 bis 4 Minuten erwärmen. In eine weitere Schüssel umfüllen und zugedeckt im Kühlschrank über Nacht ruhen lassen. Die Masse sollte eine eher feste Konsistenz haben.

3 Am nächsten Tag den Backofen auf 200 °C vorheizen. Ein Backblech mit Backpapier belegen. Die Masse aus dem Kühlschrank nehmen und in einen Spritzbeutel mit mittlerer Lochtülle füllen. Nebeneinander haselnussgroße Makronen auf das Blech spritzen.

4 Das Backblech mit den Makronen in den Ofen auf die mittlere Schiene schieben und die Temperatur auf 60 °C zurückschalten. Die Makronen etwa 15 Minuten backen. Herausnehmen, mit dem Backpapier vom Blech nehmen und abkühlen lassen.

5 Für die Nougatfüllung den Nougat in einer Schüssel im warmen Wasserbad schmelzen. Die Hälfte der abgekühlten Makronen mit etwas Nougat bestreichen und mit einer unbestrichenen Makrone zusammensetzen. Den Nougat fest werden lassen.

BOCCONOTTI-TÖRTCHEN
mit Ananasblüten

1 Für die Ananasblüten die Ananas putzen und gründlich schälen. Aus der Mitte 8 sehr dünne Scheiben (à etwa 20 g) schneiden und dicht nebeneinander auf ein mit Backpapier belegtes Backblech legen. Im auf 125 °C vorgeheizten Backofen (Umluft) etwa 25 Minuten backen, bis die Ränder sich goldgelb färben. Herausnehmen, den Ofen auf 40 °C (Umluft) herunterschalten. Ananasscheiben in die Mulden eines Muffinblechs legen, ganz leicht hineindrücken und im Ofen etwa 1 Stunde trocknen lassen. Die Blüten vorsichtig aus den Mulden herausheben und abkühlen lassen.

2 Für den Mürbeteig das Mehl mit dem Backpulver mischen und auf die Arbeitsfläche sieben. In die Mitte eine Mulde drücken. Den Puderzucker, die Zitronenschale, das Vanillemark, 1 Prise Salz und das Eigelb in die Mulde geben. Die Butter in Stücken am Rand verteilen. Alles mit den Händen rasch zu einem glatten Teig verkneten. In Frischhaltefolie wickeln und 1 Stunde kühl stellen.

3 Den Teig etwa 3 mm dünn ausrollen und mit einem gewellten Ausstecher (9 cm Durchmesser) 8 Kreise ausstechen. 8 runde Formen (7 cm Durchmesser) mit Butter einfetten, mit Mehl ausstäuben und die Teigkreise hineinlegen. Übrigen Mürbeteig nochmals dünn ausrollen und mit einem gewellten Ausstecher (7 cm Durchmesser) 8 Kreise ausstechen. Backofen auf 180 °C vorheizen.

4 Für die Füllung die Kuvertüre raspeln und mit Mandeln, Kakaopulver, Zucker, Eiweißen, Vanillemark, Zimt und 1 Prise Salz glatt rühren. Auf dem Teig in den Formen verteilen, glatt streichen und mit den kleinen Mürbeteigkreisen bedecken. Auf ein mit Backpapier belegtes Blech legen und im Ofen auf der mittleren Schiene 20 bis 25 Minuten backen. Abkühlen lassen.

5 Für das Topping den Zucker hell karamellisieren. Ananasstücke und Vanillemark dazugeben und kurz dünsten. Mit dem Stabmixer pürieren und abkühlen lassen. Den Mascarpone untermischen und alles mit dem Zitronensaft abschmecken. Sahne schlagen und unterheben. Das Topping in einen Spritzbeutel mit mittlerer Lochtülle füllen und auf jedes Bocconotti am Rand 5 kleine Rosetten spritzen. Jedes Küchlein mit 1 Ananasblüte verzieren.

ZUTATEN FÜR 8 STÜCK

FÜR DIE ANANASBLÜTEN:
1 Ananas

FÜR DEN MÜRBETEIG:
150 g Mehl
1 TL Backpulver
50 g Puderzucker
1 Msp. abgeriebene unbehandelte Zitronenschale
1 Msp. Vanillemark
Salz
1 Eigelb
100 g Butter

FÜR DIE FÜLLUNG:
60 g Zartbitterkuvertüre
100 g gemahlene Mandeln
4 EL Kakaopulver
40 g Zucker
4 Eiweiß
1 Msp. Vanillemark
½ TL Zimtpulver
Salz

FÜR DAS TOPPING:
1 EL Zucker
20 g Ananasstücke (aus den Ananasresten von Schritt 1)
1 Msp. Vanillemark
120 g Mascarpone
2 EL Zitronensaft
50 g Sahne

AUSSERDEM:
Butter und Mehl für die Formen

TIRAMISU „PFIRSICH MELBA"

ZUTATEN FÜR 4 PERSONEN

FÜR DIE HIMBEERCREME:
3 Blatt Gelatine
2 Eigelb · 50 g Zucker
1 Msp. Vanillemark · Salz
1 Msp. abgeriebene unbehandelte
Zitronenschale
150 g Mascarpone
100 g Himbeerpüree (siehe Tipp S. 132)
3 EL Himbeergeist
200 g Sahne

FÜR DIE LÖFFELBISKUITS:
4 Eier · 250 g Zucker
Salz · 100 g Mehl
½ TL Backpulver
1 Msp. Vanillemark
1 Msp. abgeriebene unbehandelte
Zitronenschale

FÜR DIE ESPRESSOTRÄNKE:
300 ml Espresso
2 EL Zucker
4 EL Himbeergeist

FÜR DIE PFIRSICHE:
2 Pfirsiche
2 EL Zucker
1 EL Butter
1 Stück Vanilleschote (2 cm)
1 Streifen unbehandelte Zitronenschale
2–3 EL Zitronensaft
2 EL Sanddornlikör

AUSSERDEM:
Kakaopulver zum Bestäuben

1 Für die Himbeercreme die Gelatine in kaltem Wasser einweichen. Die Eigelbe und den Zucker mit Vanillemark, 1 Prise Salz und Zitronenschale in einer Schüssel mit den Quirlen des Handrührgeräts cremig aufschlagen. Den Mascarpone unterrühren.

2 Vom Himbeerpüree 2 EL abnehmen und in einem kleinen Topf erhitzen. Die Gelatine gut ausdrücken und unter Rühren im heißen Püree auflösen. Mit dem restlichen Himbeerpüree und dem Himbeergeist unter die Mascarponecreme rühren. Die Sahne steif schlagen und unterheben. Die Himbeercreme zugedeckt im Kühlschrank 3 Stunden fest werden lassen.

3 Für die Löffelbiskuits den Backofen auf 200 °C vorheizen. Die Eier trennen. Die Eiweiße mit 150 g Zucker und 1 Prise Salz zu einem cremigen Eischnee schlagen. Die Eigelbe unterrühren. Das Mehl mit dem Backpulver sieben und mit Vanillemark und Zitronenschale unter die Eimasse heben. Die Masse in einen Spritzbeutel mit mittlerer Lochtülle füllen und auf vier bis fünf 10 x 35 cm große Backpapierstreifen quer 7 cm lange Streifen spritzen, dabei zwischen den Teigstreifen ausreichend Abstand lassen. Den restlichen Zucker auf einem Backblech oder einen großen Teller verteilen. Die Löffelbiskuits mit dem Papierstreifen aufnehmen und die Löffelbiskuit-Oberfläche in den Zucker tauchen. Die Löffelbiskuits mit dem Papier auf ein Backblech legen und im Ofen auf der mittleren Schiene 8 Minuten backen. Herausnehmen und abkühlen lassen.

4 Für die Espressotränke alle Zutaten verrühren. Für die Pfirsiche die Früchte häuten, halbieren, entsteinen und achteln. Die Pfirsichspalten in einer Pfanne in dem Zucker karamellisieren. Die Butter dazugeben und erhitzen. Vanilleschote, Zitronenschale und -saft hinzufügen und alles mit dem Sanddornlikör ablöschen.

5 Zum Servieren je 2 Löffelbiskuits auf einen Teller geben und mit der Espressomischung tränken. Aus der Himbeercreme Nockerl abstechen und jeweils darauflegen. Mit den karamellisierten Pfirsichen garnieren. Je 1 Löffelbiskuit mit Kakaopulver bestäuben und an das Himbeernockerl lehnen. Etwas von dem Pfirsichsud auf die Teller träufeln und das „Tiramisu" nach Belieben mit Himbeeren und Mini-Basilikum dekorieren. Übrige Löffelbiskuits verzehren oder anderweitig verwenden.

TORTA CAPRESE

**ZUTATEN FÜR 1 TORTE
(CA. 20 CM DURCHMESSER)**

FÜR DEN HIMBEERSPIEGEL:
2 Blatt Gelatine
90 g Zucker
1 TL Pektin
200 g Himbeerpüree (siehe Tipp)
1 EL Zitronensaft
1 Msp. Vanillemark

FÜR DIE HIMBEERSAHNE:
1½ Blatt Gelatine
100 g Himbeerpüree (siehe Tipp)
½ EL Zucker
1 Msp. Vanillemark
1 EL Zitronensaft
3 EL Grenadinesirup
150 g Sahne

FÜR DEN SCHOKOLADENTEIG:
125 g Zartbitterkuvertüre
(grob gehackt)
2 Eier
50 g Zucker
Salz
125 g weiche Butter
25 g brauner Zucker
1 Msp. Vanillemark
1 Eigelb
3 EL Maraschino (ital. Kirschlikör)
150 g gemahlene Mandeln

AUSSERDEM:
ca. 200 g Himbeeren
Puderzucker zum Bestäuben

1 Am Vortag für den Himbeerspiegel die Gelatine einweichen. Den Zucker und das Pektin mischen. Das Himbeerpüree mit dem Zitronensaft und dem Vanillemark in einem Topf aufkochen. Die Zuckermischung unterrühren und 1 Minute köcheln lassen. Die Gelatine ausdrücken und unter Rühren im heißen Himbeerpüree auflösen, über Nacht kühl stellen.

2 Am nächsten Tag für die Himbeersahne die Gelatine einweichen. Vom Himbeerpüree 3 EL abnehmen und in einem kleinen Topf erhitzen. Das restliche Himbeerpüree mit Zucker, Vanillemark, Zitronensaft und Grenadinesirup verrühren. Gelatine gut ausdrücken und unter Rühren im heißen Himbeerpüree auflösen. Unter das restliche Püree mischen. Sahne steif schlagen und unterheben. Einen Tortenring (18 cm Durchmesser) unten mit Backpapier einschlagen, die Himbeersahne hineinfüllen und im Tiefkühlfach 2 Stunden anfrieren lassen.

3 Für den Schokoladenteig den Backofen auf 170 °C vorheizen. Eine Tarteform (20 cm Durchmesser) mit Backpapier belegen. Die Kuvertüre im warmen Wasserbad schmelzen. Die Eier trennen und die Eiweiße mit dem Zucker und 1 Prise Salz zu einem cremigen Eischnee schlagen. Die Butter mit dem braunen Zucker und Vanillemark leicht schaumig rühren. Nach und nach alle Eigelbe unterrühren. Die Kuvertüre und den Maraschino ebenfalls unterrühren. Den Eischnee und die Mandeln unterheben. Den Teig in die Form füllen und im Ofen auf der mittleren Schiene etwa 20 Minuten backen. Den Schokoladenboden herausnehmen und abkühlen lassen.

4 Die Himbeeren verlesen, abbrausen und trocken tupfen. Den Schokoboden aus der Form lösen und auf eine Platte setzen. Die angefrorene Himbeersahne vorsichtig aus dem Tortenring lösen, mittig auf den Tortenboden legen und mit der glatt gerührten Himbeerglasur bestreichen. Die Himbeeren mit etwas Puderzucker bestäuben und den Tortenrand damit garnieren. Die Torta Caprese nach Belieben mit Schoko-Dekor und essbaren Blüten verzieren.

TIPP Himbeerpüree lässt sich ganz einfach selber machen: Für etwa 100 g Püree 170 g TK-Himbeeren auftauen lassen und im Küchenmixer oder mit dem Stabmixer pürieren. Das Püree durch ein Sieb passieren, um die kleinen Kerne zu entfernen.

TOSKANISCHER MANDELKUCHEN
mit Karamellfächer

**ZUTATEN FÜR 1 SPRINGFORM
(20 CM DURCHMESSER)**

FÜR DEN MANDELBODEN:
175 g gemahlene Mandeln
175 g Butter
100 g Puderzucker
175 g Mehl
1 Eigelb
1 Msp. Vanillemark
½ TL Muskatblüte
abgeriebene Schale von ½ unbehandelten Orange
1 Msp. Salz

FÜR DIE MARZIPANFÜLLUNG:
10 g Speisestärke
¼ l Milch
2 Eier
100 g Marzipanrohmasse
30 g Zucker
Salz
1 Msp. Vanillemark

FÜR DEN KARAMELLFÄCHER:
1 EL Sahne · 15 g Honig
10 g Butter · 30 g Zucker
1 Msp. Vanillemark
20 g Mandelblättchen

AUSSERDEM:
Butter und Mehl für die Form
und das Blech
Mehl für die Arbeitsfläche
150 g Sahne
1 EL Zucker
½ Päckchen Sahnsteif
Puderzucker zum Bestäuben

1 Für den Mandelboden alle Zutaten mit den Händen rasch zu einem glatten Teig verkneten. In Frischhaltefolie wickeln und 1 Stunde kühl stellen.

2 Für die Füllung die Stärke mit 3 EL Milch glatt rühren und die Eier untermischen. Das Marzipan mit 3 bis 4 EL Milch glatt rühren und in einem Topf mit der restlichen Milch, Zucker, 1 Prise Salz und Vanillemark verrühren und erhitzen. Die Eier-Stärke-Mischung dazugeben und alles zu einer glatten Creme kochen.

3 Für den Karamell die Sahne mit Honig, Butter, Zucker und Vanillemark in einem Topf aufkochen und unter Rühren bei milder Hitze 2 bis 3 Minuten köcheln. Lauwarm abkühlen lassen.

4 Den Backofen auf 180 °C vorheizen. Eine Springform mit Butter einfetten und mit Mehl ausstäuben. Den Teig auf der bemehlten Arbeitsfläche etwa 3 mm dünn ausrollen und die Kuchenform damit auslegen, dabei die überstehenden Ränder abschneiden und bei-seitelegen. Die Creme einfüllen und den Kuchen im Ofen auf der mittleren Schiene etwa 20 Minuten backen. Mandelkuchen aus dem Ofen nehmen und abkühlen lassen, Backofen nicht ausschalten.

5 Für den Karamellfächer den restlichen Teig verkneten und etwa 3 mm dünn ausrollen. Einen Kreis von 18 cm Durchmesser ausstechen und auf ein gefettetes, bemehltes Backblech legen. Den Teig mit etwas kaltem Wasser bestreichen und dicht mit Mandelblättchen bestreuen, sodass der Teig nicht mehr zu sehen ist. Mandeln etwas andrücken. Den Karamell mithilfe einer Palette oder einem Messer gleichmäßig daraufstreichen. Den Karamell-fächer im Ofen auf der mittleren Schiene 15 bis 20 Minuten backen. Herausnehmen und sofort mit einem Messer vom Blech lösen, in 8 gleich große Tortenstücke schneiden und abkühlen lassen.

6 Den Mandelkuchen in 8 Stücke schneiden. Die Sahne mit dem Zucker und dem Sahnesteif steif schlagen und mithilfe eines Spritz-beutels auf jedes Kuchenstück eine Rosette spritzen. Auf jedem Kuchenstück einen Karamellfächer schräg anrichten, den Mandel-kuchen in der Mitte mit etwas Puderzucker bestäuben.

PASTIERA NAPOLETANA
mit glasierten Ingwer-Mandarinen

1 Für die Füllung der Tarte den Weizen mit 600 ml Wasser und 1 EL Butter in einen Topf geben. Das Wasser aufkochen, die Hitze reduzieren und den Weizen zugedeckt 2 Stunden simmern lassen.

2 Für den Mürbeteig das Mehl auf die Arbeitsfläche sieben und in die Mitte eine Mulde drücken. Den Puderzucker mit Zitronenschale, Vanillemark, 1 Prise Salz und dem Eigelb in die Mulde geben. Die Butter in Stücken am Rand verteilen. Alle Zutaten mit den Händen rasch zu einem glatten Teig verkneten. In Frischhaltefolie wickeln und 1 Stunde kühl stellen.

3 Für die Ingwer-Mandarinen die Mandarinen schälen und die weiße Haut entfernen. Den Zucker in einer Pfanne karamellisieren. Die Mandarinen dazugeben und mit dem Saft ablöschen. Orangenschale und Vanilleschote sowie Ingwer hinzufügen und bei milder Hitze 2 bis 3 Minuten ziehen lassen. Die Mandarinen auskühlen lassen.

4 Den Weizen abgießen und mit Milch, 50 g Butter, Sahne, Zucker, Salz, Zimt, Vanillemark und -schote sowie der Zitronenschale zum Kochen bringen. Die Hitze reduzieren und den Weizen offen simmern lassen, bis die Milch verkocht ist. Dabei immer wieder umrühren und evtl. die Hitze noch weiter zurückschalten, damit nichts anbrennt. Topf vom Herd nehmen und alles abkühlen lassen.

5 Den Backofen auf 180 °C vorheizen. Die kandierten Früchte hacken und mit dem Orangenblütenwasser unter die kalte Weizenmasse rühren. Ricotta und Orangenschale untermischen. Übrige Butter cremig aufschlagen und mit dem Ei und den Eigelben nach und nach hinzufügen. Alle Zutaten gut mischen.

6 Die Tarteform einfetten und mit Mehl ausstäuben. Den Mürbeteig ausrollen und die Form damit auslegen. Die Füllung auf dem Teig verteilen und die Tarte im Ofen auf der mittleren Schiene 10 Minuten backen. Herausnehmen und die glasierten Mandarinen darauf verteilen. Ofentemperatur auf 160 °C zurückschalten und den Kuchen 25 bis 30 Minuten fertig backen. Herausnehmen und auskühlen lassen. Die Konfitüre erwärmen und den Kuchen dünn damit bestreichen. Den Rand mit den Mandelblättchen bestreuen.

ZUTATEN FÜR 1 TARTEFORM (22 CM DURCHMESSER)

FÜR DIE FÜLLUNG:
100 g Weizen · 175 g Butter
125 ml Milch · 50 g Sahne
50 g Zucker · Salz
1 Msp. Zimtpulver
½ Vanilleschote
abgeriebene Schale von ¼ unbehandelten Zitrone
40 g kandierte Früchte
1 TL Orangenblütenwasser
125 g Ricotta
abgeriebene Schale von ¼ unbehandelten Orange
1 Ei · 2 Eigelb

FÜR DEN MÜRBETEIG:
150 g Mehl · 50 g Puderzucker
abgeriebene Schale von ¼ unbehandelten Zitrone
1 Msp. Vanillemark · Salz
1 Eigelb · 100 g Butter

FÜR DIE INGWER-MANDARINEN:
3 – 5 Mandarinen
1 EL Zucker
Saft und abgeriebene Schale von ½ unbehandelten Orange
1 Stück Vanilleschote (3 cm)
1 Scheibe frischen Ingwer (3 mm)

AUSSERDEM:
Fett und Mehl für die Form
Aprikosenkonfitüre zum Bestreichen
20 g geröstete Mandelblättchen

TÖRTCHEN „AL LIMONE"

ZUTATEN FÜR 12 STÜCK

FÜR DIE LIMONENCREME:
je 1 unbehandelte Zitrone und
Limette
60 g Zucker
1 Ei
1 Eigelb
1 Msp. Vanillemark
60 g Butter

FÜR DIE VANILLE-RICOTTA-CREME:
30 g Speisestärke
125 ml Milch
125 g Sahne
1 Eigelb
50 g Zucker
abgeriebene Schale und Saft von
1 unbehandelten Zitrone
80 g Ricotta
1 Msp. Vanillemark
Salz

FÜR DIE STREUSEL:
2 EL Zucker
50 g Butter
30 g gemahlene Mandeln
10 g gehackte Pistazienkerne
60 g Mehl
1 Msp. Vanillemark
abgeriebene Schale von ½ unbehandelten Limette
Salz

AUSSERDEM:
Butter und Mehl für die Formen
1 Packung Blätterteig (ca. 275 g;
aus dem Kühlregal)

1 Für die Limonencreme die Zitrone und die Limette heiß waschen, trocken reiben, die Schalen fein abreiben und den Saft auspressen (ergibt insgesamt 60 ml). Zucker, Ei, Eigelb, Zitrusschale und -saft sowie Vanillemark in einem Topf verrühren und bei mittlerer Hitze unter ständigem Rühren erwärmen. Sobald sich der Zucker aufgelöst hat, die Butter in kleinen Stücken dazugeben und so lange rühren, bis die Masse dickcremig wird. Mit Frischhaltefolie direkt abdecken und abkühlen lassen.

2 Für die Vanille-Ricotta-Creme die Stärke mit etwas kalter Milch glatt rühren. Restliche Milch, Sahne, Eigelb und Zucker in einem Topf verrühren und aufkochen. Die Stärkemischung einrühren und alles unter Rühren aufkochen. Zitronenschale und -saft unter die Creme rühren und vom Herd nehmen. Den Ricotta, das Vanillemark und 1 Prise Salz unterrühren. Die Creme direkt mit Frischhaltefolie abdecken und abkühlen lassen.

3 Für die Streusel Zucker, Butter, Mandeln, Pistazien, Mehl, Vanillemark, Limettenschale und 1 Prise Salz in eine Schüssel geben und mit den Händen zu Streuseln verarbeiten.

4 Den Backofen auf 180 °C vorheizen. Die 12 Vertiefungen eines Muffinblechs mit Butter einfetten und mit Mehl ausstäuben. Den Blätterteig auf der Arbeitsfläche auslegen und mit einem gewellten Ausstecher 12 Kreise (à 9 cm Durchmesser) ausstechen. Die Formen mit dem Blätterteig auslegen und den Teig mit einer Gabel einstechen. Jeweils ½ bis 1 EL Limonencreme hineingeben und verstreichen. Anschließend jeweils etwas Ricotta-Vanille-Creme und Streusel darauf verteilen und die Törtchen im Ofen auf der mittleren Schiene 20 bis 25 Minuten backen.

5 Die Törtchen aus dem Ofen nehmen und abkühlen lassen. Nach Belieben mit etwas Puderzucker bestäuben und mit Zitronenscheiben und Minze garnieren.

Sauer macht lustig, oder Saures räumt den Magen auf. Beliebtestes Mittel der Italiener nach einem ausgiebigen pranzo (bedeutet Mittagessen) oder einer cena (Abendessen) ist eine Zitronen-Torte. Danach kommt zwar noch der Caffè als reiner Espresso oder als Caffè corretto (mit Grappa oder Aguardiente), aber zunächst soll das Dessert das Essen abrunden. Die Torta al limone gilt als eine der schnellsten Nachspeisen Italiens und ist

Zitronen

der Sage nach wahlweise in Sorrent oder in Capri erfunden worden. Gut möglich, denn dort reifen zusammen mit den Früchten der Amalfiküste (siehe rechts unten) die besten Zitronen Italiens. Die Torta Caprese allerdings ist im Original ein Kuchen aus Mandeln und Schokolade, zu dem Zitroneneis gereicht wird. Manche nehmen zum Backen statt Rum aber auch Limoncello.

Zitrone oder Limette – was ist besser?

Beide sind Zitrusfrüchte, beide kommen ursprünglich aus Südostasien. Und beide müssen im reifen Zustand geerntet werden, denn sie reifen nicht nach. Damit ist aber schon fast Schluss mit den Gemeinsamkeiten. Die Zitrone ist sonnengelb, die Limette fast quietschgrün. Während die eine auch in den gemäßigten Klimazonen wächst, kommt die Limette nur in tropischen oder subtropischen Gebieten vor. Abgesehen davon, dass beide echte Vitaminbomben sind, sind sie geschmacklich zwar ebenfalls bombastisch, aber in zwei sehr unterschiedlichen Richtungen. Ihr intensiver grüner Geschmack macht die Limette zu einem optimalen Begleiter für Cocktails (Caipirinha, Mojito, Daiquiri), während die Zitrone aufgrund ihrer eleganten Säure sehr gut zu Fleisch (Carpaccio), Fisch oder zu Desserts passt.

So machen Sie Limoncello selbst!

Einfach, einfacher, Limoncello. Man braucht nur Zitronen, Zucker, je nach Geschmacksrichtung reinen Alkohol, Wodka oder Grappa. Die Zitronen (10 Stück, am besten unbehandelt) werden heiß gewaschen, dünn geschält (die weiße Haut meiden, denn sie schmeckt bitter) und dann – natürlich nur die Schalen – eine Woche in den jeweiligen Alkohol (¾ l, bei reinem Alkohol reicht die Hälfte) eingelegt. Dann 500 g Zucker mit ¾ l Wasser aufkochen, Sirup mit Zitronen-Alkohol verrühren, über Nacht ziehen lassen und durch ein Sieb in Flaschen füllen.

Das Land, in dem die Zitronen blühen…

… ist Italien längst nicht mehr. Das heißt, die Zitronen blühen schon noch, allerdings wurden die Italiener und speziell die Sizilianer bei der Produktion für Europa längst von anderen Ländern wie Spanien (80 Prozent der europäischen Ernte) überholt, sodass man als Zitronenhändler in Italien wirtschaftlich tatsächlich mit Zitronen handelt. Es sei denn, man besinnt sich wieder auf die alten Traditionen. An der wundervollen Amalfiküste zum Beispiel, wo im steilen, zum Teil auch terrassierten Küstengelände schon seit mehr als 2000 Jahren Zitronen angebaut werden, setzt man auf Qualität. Da kostet dann das Kilo leicht mal sieben Euro, aber wenn man bedenkt, welche Mühen die Ernte den Bauern abfordert (die letzten Meter zu den Terrassen ganz oben werden heute noch mit den Eseln absolviert), dann geht der Preis schon in Ordnung. Vor allem wenn es sich um die Sorte Sfusato handelt, die als Indicazione Geografica Protetta (IGP) sogar geschützt ist. Sie schmeckt besonders gut und hat den doppelten Vitamin-C-Gehalt einer normalen Zitrone.

TORTA AL LIMONE
mit rosa Baiserhaube

**ZUTATEN FÜR 1 TARTEFORM
(CA. 22 CM DURCHMESSER)**

FÜR DEN TEIG:
Butter und Mehl für die Form
1 Packung Blätterteig (ca. 275 g;
auf Backpapier; aus dem Kühlregal)

FÜR DIE QUARKFÜLLUNG:
200 g Speisequark (20 % Fett)
2 EL Zucker
½ EL Vanillepuddingpulver
1 Eigelb · Salz
1 Msp. Vanillemark
1 Msp. abgeriebene unbehandelte
Zitronenschale

FÜR DIE ZITRONENCREME:
2 Eier · 1 Eigelb
100 g Zucker
100 g Crème double
120 ml Zitronensaft
abgeriebene Schale von 1 unbehandelten Zitrone
1 Msp. Vanillemark
1 EL Speisestärke

FÜR DIE BAISERHAUBE:
2 Eiweiß · 100 g Zucker
Salz · 1 EL Zitronensaft
70 g Puderzucker
2–3 EL Sauerkirschsaft

AUSSERDEM:
Puderzucker zum Bestäuben
unbehandelte Zitronenscheiben und
Minzeblätter zum Garnieren

1 Für den Teig die Tarteform mit Butter einfetten und mit Mehl aus-stäuben. Den Blätterteig ausrollen und den Teig in die Form geben. Den Backofen auf 200 °C vorheizen.

2 Für die Quarkfüllung den Quark mit dem Zucker, dem Pudding-pulver, dem Eigelb, 1 Prise Salz, dem Vanillemark und der Zitronen-schale glatt rühren. Die Füllung auf den Blätterteig geben und glatt streichen. Im Ofen auf der mittleren Schiene 10 Minuten backen.

3 Für die Zitronencreme die Eier, das Eigelb und den Zucker in einer Schüssel cremig aufschlagen. Die Crème double unterrühren. Dann den Zitronensaft und die -schale, das Vanillemark und die Stärke gut untermischen.

4 Den Kuchen aus dem Ofen nehmen und die Backofentemperatur auf 180 °C reduzieren. Die Zitronencreme auf der Quarkmasse ver-teilen und den Kuchen im Ofen weitere 20 bis 25 Minuten backen. Herausnehmen und abkühlen lassen.

5 Für die Baiserhaube den Backofen auf 210 °C vorheizen. Die Eiweiße mit dem Zucker, 1 Prise Salz und dem Zitronensaft zu einem cremigen Eischnee schlagen. Den Puderzucker mit dem Sauerkirschsaft glatt rühren und unterheben.

6 Ein Drittel der Mischung in Form einer kleinen Kuppel mittig auf den Kuchen streichen. Die restliche Masse in einen Spritzbeutel mit mittlerer Lochtülle füllen und von innen nach außen spiralför-mig aufspritzen. Die Baiserhaube im Ofen auf der mittleren Schiene 2 bis 3 Minuten karamellisieren.

7 Den Kuchen aus dem Ofen nehmen, mit Puderzucker bestäuben und mit Zitronenscheiben und Minzeblättern garnieren.

CASSATA SICILIANA
in der Biskuitroulade

1 Für die Biskuitroulade die Eier trennen und die Eiweiße mit dem Zucker und 1 Prise Salz zu einem cremigen Eischnee schlagen. Das Mehl mit der Stärke und dem Backpulver sieben. Die Eigelbe, das Vanillemark und die Zitronenschale unter den Eischnee rühren. Die Mehlmischung vorsichtig unterheben, dann das Öl und 2 EL heißes Wasser unterrühren. Von der Biskuitmasse 3 EL abnehmen, mit dem Kakaopulver und ½ EL Wasser mischen und in eine Papierspritztüte füllen.

2 Den Backofen auf 210 °C vorheizen. Die helle Masse gleichmäßig auf ein mit Backpapier belegtes Backblech streichen. Mit der dunklen Masse im Abstand von 3 cm schräg etwa 3 mm breite Streifen auf die helle Masse spritzen. Mit einem Messer im Abstand von 4 cm im rechten Winkel zu den Streifen durch die Masse ziehen. Dann in den Zwischenräumen in der entgegengesetzten Richtung nochmals durchziehen, sodass ein schönes Muster entsteht. Den Biskuit im Ofen auf der mittleren Schiene etwa 10 Minuten backen. Herausnehmen, mit etwas Zucker bestreuen und auf ein Backpapier stürzen. Abkühlen lassen.

3 Für die Füllung die Gelatine nach Packungsanweisung in kaltem Wasser einweichen. Ricotta und Mascarpone mit Zitrusschalen, Vanillemark, Maraschino und Zucker verrühren. Die kandierten Früchte, die Zartbitterkuvertüre und die Pistazien hacken und mit dem Haselnusskrokant unter die Ricotta-Mascarpone-Creme rühren. 1 EL Creme abnehmen und in einem Topf erhitzen. Die Gelatine ausdrücken, in der heißen Creme unter Rühren auflösen und diese Mischung unter die übrige Früchtecreme rühren. Die Sahne steif schlagen und unterheben.

4 Das obere Backpapier vom Biskuit abziehen und die Füllung gleichmäßig auf dem Teig verstreichen. Die Roulade mithilfe des unteren Backpapiers aufrollen und so in das Papier einschlagen, dass die Naht unten ist. Die Roulade 3 bis 4 Stunden kühl stellen.

5 Vor dem Servieren mit kandierten Früchten garnieren.

ZUTATEN FÜR 1 ROULADE (CA. 12 STÜCKE)

FÜR DIE BISKUITROULADE:
4 Eier
120 g Zucker
Salz
70 g Mehl
50 g Speisestärke
1 Msp. Backpulver
1 Msp. Vanillemark
1 Msp. abgeriebene unbehandelte Zitronenschale
2 EL Öl
½ EL Kakaopulver

FÜR DIE FÜLLUNG:
1 Blatt Gelatine
100 g Ricotta
100 g Mascarpone
je 1 Msp. abgeriebene unbehandelte Orangen- und Zitronenschale
Mark von ½ Vanilleschote
6 EL Maraschino
2 EL Zucker
80 g gemischte kandierte Früchte (z.B. Ananas, Papaya, Mango, Kirschen, Orangen, Zitronen)
40 g Zartbitterkuvertüre
2 EL Pistazienkerne
1 EL Haselnusskrokant
300 g Sahne

AUSSERDEM:
Zucker zum Bestreuen
kandierte Früchte zum Garnieren

TORTA MIMOSA

ZUTATEN FÜR 1 TORTE (8–10 STÜCKE)

FÜR DIE BISKUITMASSE:
200 g Mehl
40 g Speisestärke
75 g gemahlene Pistazienkerne
1 Msp. abgeriebene unbehandelte Zitronenschale
4 Eier
200 g Zucker
Salz
8 Eigelb
1 Msp. Vanillemark
60 g zerlassene Butter

FÜR DIE SCHOKOLADENSAHNE:
120 g Sahne
80 g Vollmilchschokolade (grob gehackt)
2 EL Aurum (ital. Orangenlikör)

FÜR DIE VANILLESAHNE:
1 EL Vanillepuddingpulver
225 ml Milch
2 Eigelb
2 EL Zucker
Salz
1 Msp. Vanillemark
75 g geschlagen Sahne

FÜR DIE AURUMTRÄNKE:
50 g Zucker
2 EL Aurum (ital. Orangenlikör)

AUSSERDEM:
bunte Zuckermimosen (aus dem Onlineshop)

1 Für die Biskuitmasse den Backofen auf 180 °C vorheizen. Ein Backblech mit Backpapier belegen. Mehl und Stärke in eine Schüssel sieben. Pistazien und Zitronenschale untermischen. Die Eier trennen. Die Eiweiße mit dem Zucker und 1 Prise Salz zu einem cremigen Eischnee schlagen. Alle Eigelbe und das Vanillemark unterrühren. Die Mehlmischung unterheben. Zuletzt die Butter unterziehen. Einen Tortenring (22 cm Durchmesser) und einen weiteren Ring (18 cm Durchmesser) nebeneinander auf das Backblech stellen. Zwei Drittel der Masse in den großen Ring füllen und glatt streichen. Die restliche Masse in den zweiten Ring füllen. Die Biskuits im Ofen auf der mittleren Schiene etwa 20 Minuten backen.

2 Für die Schokoladensahne 100 g Sahne steif schlagen. Die Schokolade im warmen Wasserbad schmelzen und mit dem Aurum und der restlichen flüssigen Sahne verrühren. Die geschlagene Sahne unterheben und alles abkühlen lassen.

3 Für die Vanillesahne das Puddingpulver mit 3 EL kalter Milch und den Eigelben glatt rühren. Restliche Milch, Zucker, 1 Prise Salz und Vanillemark in einem Topf aufkochen und mit dem Puddingpulver binden. Mit Frischhaltefolie abdecken und abkühlen lassen. Den Pudding kurz glatt rühren und die Sahne unterheben.

4 Für die Aurumtränke 100 ml Wasser mit dem Zucker aufkochen und abkühlen lassen. Den Aurum unterrühren.

5 Die Biskuitböden aus den Ringen lösen und jeweils den dunklen Rand abschneiden. Den größeren Boden (22 cm Durchmesser) zweimal waagerecht durchschneiden. Einen Boden davon am Rand rundherum 1 cm kleiner schneiden, sodass er etwa 20 cm Durchmesser hat. Den kleinen Boden (18 cm Durchmesser) in ½ cm große Würfel schneiden. Einen der beiden großen Biskuitböden (22 cm) auf eine Kuchenplatte stellen, leicht tränken, die Hälfte der Vanillesahne in der Mitte kuppelförmig einfüllen und mit dem kleiner geschnittenen Boden (20 cm) bedecken. Diesen gut tränken. Nun die Schokoladensahne kuppelförmig auf den Boden aufstreichen. Mit dem letzten Boden (22 cm) abdecken und tränken.

6 Die Torte mit der übrigen Vanillesahne bestreichen, dicht mit den Biskuitwürfeln belegen und mit den Zuckermimosen dekorieren.

ZUPPA-INGLESE-TÖRTCHEN

ZUTATEN FÜR 8 STÜCK

FÜR DIE BISKUITMASSE:

2 Eier
60 g Zucker
Salz
1 Msp. Vanillemark
etwas abgeriebene unbehandelte
Zitronenschale
40 g Mehl
30 g Speisestärke
1 Msp. Backpulver

FÜR DIE FÜLLUNG:

20 g Mehl
200 ml Milch
2 Eigelb
100 g Sahne
Salz
2 EL Zucker
Mark von ½ Vanilleschote
1 Streifen unbehandelte Zitronenschale
(3 cm)
40 g Zartbitterkuvertüre (grob gehackt)
20 g Butter
1 Päckchen Sahnesteif

FÜR DIE ZUPPATRÄNKE:

20 g Zucker
2 EL Aperol oder Alchermes
2 EL Grenadinesirup

FÜR DIE SCHOKOLADENPLÄTTCHEN:

100 g temperierte Kuvertüre
(siehe S. 98)

1 Für die Biskuitmasse den Backofen auf 210 °C vorheizen. Ein Backblech mit Backpapier belegen. Die Eier trennen. Die Eiweiße mit dem Zucker und 1 Prise Salz zu einem cremigen Eischnee schlagen. Die Eigelbe mit Vanillemark und Zitronenschale kurz unterrühren. Mehl, Stärke und Backpulver daraufsieben und unterheben. Die Masse auf dem Blech zu einem Rechteck von 28 x 21 cm aufstreichen und im Ofen auf der mittleren Schiene 5 bis 6 Minuten backen. Herausnehmen und abkühlen lassen.

2 Für die Füllung das Mehl mit 3 EL Milch verrühren. Die Eigelbe unterrühren. Die übrige Milch mit 60 g Sahne, 1 Prise Salz, Zucker, Vanillemark und Zitronenschale in einem Topf kurz aufkochen. Vom Herd nehmen und zugedeckt 10 Minuten ziehen lassen.

3 Inzwischen die Kuvertüre im warmen Wasserbad schmelzen. Die Zitronenschale aus der Milch entfernen und die Milch nochmals aufkochen. Die Mehlmischung unterrühren und alles 2 bis 3 Minuten kochen lassen. Creme halbieren, unter eine Hälfte die Kuvertüre und unter die andere Hälfte die Butter rühren. Beide Cremes mit Frischhaltefolie abdecken und 30 Minuten kühl stellen.

4 Für die Zuppatränke 100 ml Wasser mit dem Zucker aufkochen und abkühlen lassen. Den Aperol und den Sirup unterrühren.

5 Für die Schokoplättchen die temperierte Kuvertüre dünn auf ein Backpapier streichen (25 x 13 cm). Sobald die Kuvertüre wachsweich wird, 8 Kreise (à 6 cm Durchmesser) ausstechen, die Kreise in der Kuvertüreplatte belassen. Platte wenden und aushärten lassen. Das Papier abziehen, die Schokoladenplättchen herauslösen.

6 Aus dem Biskuit je 8 Kreise à 7 cm und 4 cm Durchmesser ausstechen. Weiße Creme mit 2 EL Sahne und dem Sahnesteif glatt rühren. Schokocreme mit 2 EL Sahne glatt rühren. Die großen Biskuitkreise mit etwas Schokocreme bestreichen, die kleineren Kreise mittig aufsetzen. Restliche Schokocreme in einen Spritzbeutel mit mittlerer Lochtülle füllen, auf den unteren Boden einen Ring spritzen, mit Beeren belegen. Den kleineren Boden mit der Zuppatränke tränken. Die weiße Creme in einen Spritzbeutel mit mittlerer Lochtülle füllen und jeweils einen Tupfen aufspritzen. Ein Schokoladenplättchen auflegen und nochmals einen Tupfen weiße Creme aufspritzen.

Wer bei Zuppa an Suppe denkt – richtig! Und wenn man weiß, dass dieses Wort eigentlich eingeweichte Brotstücke bedeutet, dann ist man schon nahe dran an diesem italienischen Dessert-klassiker. Allerdings wird hier nicht Brot eingetaucht (was inzuppare auf Deutsch bedeutet), sondern Löffelbiskuit, vorzugs-weise in Likör (original mit Alchermes, siehe rechts), aber auch in Dessertweinen wie Marsala, manche verwenden Rum oder Sam-buca, die Venezianer sogar Espresso. Zuppa inglese ist eigentlich

Zuppa inglese

eine Spezialität aus der Emilia Romagna. Zuppa-Hochburgen sind Ferrara und Bologna. Warum es dann „englische Suppe" heißt? Einige behaupten, die Italiener hätten bei der Namensgebung das englische Trifle im Sinn gehabt, den Kuchenklassiker im Glas mit Biskuit, Creme und Frucht, oder schlicht den englischen Wackelpudding. So sehen auch manche Zuppe inglesi aus.

Der Po – der Bauch Italiens

Der Landstrich entlang des Po (Po-Ebene) gilt als der Bauch Italiens. Nicht nur weil hier der Himmel voller Schinken hängt (Parma) oder weil von hier der berühmteste italienische Käse, der Parmesan, in alle Welt gerollt wird. Im Nordwesten der Po-Ebene, nämlich in der Modemetropole Mailand, residiert auch die Accademia Italiana della Cucina, die sich dem Erhalt der italienischen Küche verschrieben hat und damit das Unesco-Weltkulturerbe Mittelmeerküche überwacht. Als deren Hauptbestandteil gilt die Nudel, die einen ihrer zahlreichen Geburtsorte ebenfalls in der Po-Ebene haben soll, was kein Wunder ist, schließlich liegt hier die Kornkammer Italiens.

Alchermes – der vergessene Likör

So richtig original ist eine Zuppa inglese nur, wenn sie mit einem fast vergessenen roten italienischen Kräuterlikör gemacht wird. Der Alchermes hat arabische Wurzeln, daher auch der Name, denn der arabische Begriff al-qirmiz deutet auf den scharlachroten Farbstoff Kermes hin. Der Alchermes besteht aus folgenden Kräutern und Essenzen: Vanille, Zimt, Kardamom, Koriander, Muskatblüte, Gewürznelken, Anisblüte, Orangenschale und Rosenwasser. Besonders beliebt war er übrigens in der Zeit der Medici in Florenz.

Die berühmteste Zuppa kommt aus München

In diesem Fall sind die Bayern wirklich der kulinarische Bauchnabel der Welt. Denn die berühmteste italienische Zuppa, nämlich die Zuppa Romana, wurde nachweislich in München erfunden. Und ist damit eine der wenigen Nationalspeisen der Azzurri, die nach Italien exportiert wurde. Erfunden wurde die Zuppa Romana im Café Roma in der berühmten Maximilianstraße. Das war seinerzeit ein Treffpunkt der Reichen und Schönen, in München auch Schickeria genannt. Über das Roma und die illustren Gäste wurde in den Klatschspalten der Zeitungen ausführlich berichtet, natürlich auch unter Einbeziehung des berühmten Desserts. So ausführlich und so häufig, dass die Münchner, die nach Italien reisten, natürlich auch im Urlaub nach ihrer Zuppa Romana verlangten und die dortigen Küchenchefs dann schließlich entnervt nach dem Münchner Originalrezept fragten. Das ist im Vergleich zur Zuppa inglese ein wenig mächtiger: Drei Schichten Biskuit, getränkt mit Amarenakirschen und Rum, dazu eine dicke Schicht Schlagsahne mit kandierten Früchten. Leichte italienische Küche eben, made in Munich.

TORTA DELLA NONNA
mit Mirabellen

ZUTATEN FÜR 10 STÜCK

FÜR DEN MÜRBETEIG:
40 g Puderzucker
100 g Butter
150 g Mehl
20 g geröstete gemahlene Pinienkerne
1 Eigelb
Salz
1 Msp. Vanillemark
¼ TL abgeriebene unbehandelte
Zitronenschale

FÜR DIE CREME:
20 g Speisestärke
125 ml Milch
2 Eigelb
140 g Sahne
2 EL Pinienhonig
1 Msp. Vanillemark
Salz
1 Msp. abgeriebene unbehandelte
Zitronenschale

FÜR DIE MIRABELLEN:
15 Mirabellen (ersatzweise
200 g Stachelbeeren)
50 g Pinienkerne

AUSSERDEM:
Mehl für die Arbeitsfläche
Butter und Mehl für die Formen
10 Mirabellen zum Garnieren
2 EL Zucker zum Karamellisieren
Puderzucker zum Bestäuben

1 Für den Mürbeteig den Puderzucker, die Butter, das Mehl, die Pinienkerne, das Eigelb, 1 Prise Salz, das Vanillemark und die Zitronenschale mischen und alles mit den Händen rasch zu einem glatten Teig verkneten. In Frischhaltefolie wickeln und 1 Stunde kühl stellen.

2 Den Mürbeteig auf der bemehlten Arbeitsfläche etwa 3 mm dünn ausrollen und mit einem gewellten Ausstecher 10 Kreise (à etwa 10 cm Durchmesser) ausstechen. 10 Tarteletteformen (7 cm Durchmesser, 3 cm hoch) mit Butter einfetten und mit Mehl ausstäuben. Jede Form mit 1 Mürbeteigkreis auslegen.

3 Für die Creme die Stärke mit 3 EL Milch glatt rühren. Die Eigelbe untermischen. Die übrige Milch, die Sahne, den Honig, das Vanillemark, 1 Prise Salz und die Zitronenschale in einem Topf erhitzen. Die Stärke-Eigelb-Mischung unterrühren und die Honig-Sahne-Milch damit binden. Abkühlen lassen.

4 Den Backofen auf 180 °C vorheizen. Für die Mirabellen die Früchte waschen, halbieren und entsteinen. Je 3 Hälften auf jeden Teigkreis in die Formen legen. Jeweils etwas Creme einfüllen und mit den Pinienkernen bestreuen. Die Törtchen im Ofen auf der mittleren Schiene 20 bis 25 Minuten backen. Herausnehmen und abkühlen lassen.

5 Die Mirabellen für die Deko waschen, halbieren und entsteinen. Die Schnittflächen in den Zucker tauchen und mit dem Flambierbrenner karamellisieren. Die abgekühlten Törtchen mit Puderzucker bestäuben und mit den karamellisierten Mirabellen garnieren.

TIPP Wer keine kleinen Tarteletteformen zur Hand hat, kann auch eine größere Tarteform (24 cm Durchmesser) mit dem Teig auslegen, mit Mirabellen belegen, die Creme einfüllen und backen. Am Schluss prüfen, ob die Torta della nonna nach der angegebenen Backzeit bereits gar ist oder noch ein paar Minuten länger im Ofen bleiben muss.

CANTUCCINI-TÖRTCHEN
mit Kirschen und Profiteroles

---

1 Am Vortag für den Cantuccini-Boden die Cantuccini grob reiben. Den Nougat leicht erwärmen und die Cantuccini unterrühren. 8 Dessertringe mit Öl einfetten, mit Zucker ausstreuen und nebeneinander auf ein Tablett stellen. Die Masse auf die Ringe verteilen und glatt streichen.

2 Für die gefüllten Profiteroles den Mascarpone mit dem Zucker, dem Sauerkirschsaft, 1 Prise Salz, dem Vanillemark und der Zitronenschale verrühren. Die Profiteroles aufschneiden und mit der Mascarponecreme füllen.

3 Für die Vanillesahne die Walnüsse hacken und in einer beschichteten Pfanne ohne Fett rösten, beiseitestellen. Die Gelatine nach Packungsanweisung in kaltem Wasser einweichen. Die Sahne mit dem Zucker steif schlagen. Die Gelatine ausdrücken, in einen Topf geben, 1 EL geschlagene Sahne und das Vanillemark hinzufügen und die Mischung erwärmen, die Gelatine dabei unter Rühren auflösen. Die Mischung unter die übrige Sahne heben. In jeden Dessertring 1 EL Sahne geben und 1 Profiterol in die Mitte setzen. Mit den gehackten Walnüssen bestreuen und die restliche Sahne darauf verstreichen. Die Törtchen über Nacht kühl stellen.

4 Am nächsten Tag für die Kirschfüllung den Zucker in einem Topf hell karamellisieren, die Kirschen und die Gewürze dazugeben und das Ganze etwas köcheln lassen. Die Stärke mit dem Sauerkirschsaft glatt rühren und die Kirschen damit binden. Abkühlen lassen.

5 Die weiße Kuvertüre hacken, im warmen Wasserbad schmelzen und temperieren (siehe Tipp S. 98). Auf ein Backpapier 48 bis 64 (pro Törtchen 6 bis 8 Stück) etwa 4 x 2 cm große Schokoladenplättchen streichen. Das geht am besten mit einer Palette oder einem 2 cm breiten Pinsel. Aushärten lassen und vorsichtig abziehen.

6 Zum Servieren die Kirschfüllung auf den Törtchen verteilen und die Dessertringe vorsichtig abziehen. Die Törtchen rundherum mit je 6 bis 8 Schokoplättchen leicht überlappend umstellen. Nach Belieben mit Minze garnieren.

ZUTATEN FÜR 8 STÜCK

FÜR DEN CANTUCCINI-BODEN:
150 g Cantuccini (siehe S. 150)
140 g Nuss-Nougat-Masse

FÜR DIE GEFÜLLTEN PROFITEROLES:
50 g Mascarpone
1 TL Zucker
2 EL Sauerkirschsaft
Salz
1 Msp. Vanillemark
1 Msp. abgeriebene unbehandelte Zitronenschale
8 Profiteroles (siehe S. 112)

FÜR DIE VANILLESAHNE:
30 g Walnusskerne
1 Blatt Gelatine
350 g Sahne
1–2 EL Zucker
1 Msp. Vanillemark

FÜR DIE KIRSCHFÜLLUNG:
2 EL Zucker
300 g tiefgekühlte Sauerkirschen
½ TL Zimtpulver
3 cm Vanilleschote
1 Streifen unbehandelte Zitronenschale
1 EL Speisestärke
2 EL Sauerkirschsaft

AUSSERDEM:
Öl und Zucker für die Ringe
200 g weiße Kuvertüre

CANTUCCINI
mit Orangencreme

FÜR DIE CANTUCCINI:
30 g Butter
125 g Puderzucker
abgeriebene Schale von ½ unbehandelten Zitrone und 1 unbehandelten Orange
Mark von 1 Vanilleschote
Salz
1 Ei
200 g Mehl
1 TL Backpulver
2 EL Vino Santo (ital. Dessertwein)
50 g Mandeln
25 g Pinienkerne

FÜR DIE ORANGENCREME:
abgeriebene Schale von ½ unbehandelten Orange
Saft von 1 Orange
abgeriebene Schale und Saft von
½ unbehandelten Zitrone
40 g Zucker
2 Eier
1 Eigelb
1 Msp. Vanillemark
Salz
60 g Butter

FÜR DIE BAISERMASSE:
2 Eiweiß · 100 g Zucker
Salz · 100 g Puderzucker

AUSSERDEM:
ca. 4 EL Granatapfelkerne
ca. 3 EL gehackte Pistazienkerne

1 Für die Cantuccini den Backofen auf 175 °C vorheizen. Ein Backblech mit Backpapier belegen. Die Butter und den Puderzucker in
einer Schüssel leicht schaumig rühren. Zitrusschalen, Vanillemark
und 1 Prise Salz untermischen. Das Ei unterrühren. Das Mehl mit
dem Backpulver daraufsieben und mit dem Vino Santo unterrühren.
Die Mandeln und die Pinienkerne unterkneten. Den Teig zu einer
Rolle von 30 cm Länge formen, auf das Backblech legen und im
Ofen auf der mittleren Schiene 30 Minuten backen.

2 Für die Orangencreme Zitrusschalen und -saft, Zucker, Eier,
Eigelb, Vanillemark und 1 Prise Salz in einem Topf unter Rühren
erwärmen. Die Butter in Würfel schneiden, hinzufügen und alles
unter ständigem Rühren zu einer dicklichen Creme kochen. Mit
Frischhaltefolie abdecken und abkühlen lassen.

3 Die Teigrolle aus dem Ofen nehmen und abkühlen lassen (Backofen nicht ausschalten). Die Teigrolle dann in ½ cm dicke Scheiben
schneiden, die Scheiben auf das Backblech legen und nochmals
5 bis 6 Minuten backen. Herausnehmen und abkühlen lassen.

4 Für die Baisermasse die Eiweiße mit dem Zucker und 1 Prise Salz
mit den Quirlen des Handrührgeräts steif schlagen. Den Puderzucker unterheben und die Baisermasse in einen Spritzbeutel mit
mittlerer Sterntülle füllen.

5 Die Orangencreme in einen Spritzbeutel mit kleiner Lochtülle
füllen und in Schlangenlinien auf die Cantuccini spritzen. Jeweils
einen Tupfen Baisermasse daraufspritzen und diesen mit dem
Flambierbrenner leicht karamellisieren. Die Cantuccini mit den
Granatapfelkernen und den gehackten Pistazien garnieren.

TIPP Die Cantuccini schmecken auch ohne die Orangencreme sehr
lecker – dann schneidet man die Teigrolle aber am besten in 1 cm
dicke Scheiben und erhält so etwa 30 Stück.

BABA
mit Orangen-Mandarinen-Salat

___

ZUTATEN FÜR 12 STÜCK

FÜR DEN HEFETEIG:
20 g frische Hefe
50 ml lauwarme Milch
3 Eier
30 g Zucker
250 g Mehl
125 g weiche Butter
Salz
1 Msp. Vanillemark
abgeriebene Schale von ¼ unbehandelten Zitrone

FÜR DEN ORANGENSIRUP:
¼ l Orangensaft
½ TL abgeriebene unbehandelte
Orangenschale
150 g Zucker
20 ml Orangenlikör
(z. B. Grand Marnier)

FÜR DEN SALAT:
1 Orange · 2 Mandarinen · 8 Kumquats
4 Zimtblüten
je 1 Msp. abgeriebene unbehandelte
Orangen- und Mandarinenschale
1 Msp. Vanillemark
2 EL Zitronensaft
2 EL Ahornsirup
3 EL Orangenlikör
(ersatzweise Orangensaft)

AUSSERDEM:
Butter für Schüssel und Förmchen
2 EL Aprikosenkonfitüre
Minzeblätter zum Garnieren

1 Für den Hefeteig der Baba (neapolitanisches Hefegebäck) die Hefe in der lauwarmen Milch auflösen. Die Eier mit dem Zucker verrühren. Das Mehl in eine große Schüssel geben. Die Hefemilch, die Eier-Zucker-Mischung, die Butter, 1 Prise Salz, das Vanillemark und die Zitronenschale dazugeben. Alle Zutaten mit den Knethaken des Handrührgeräts zu einem glatten Teig verkneten.

2 Den Teig in eine mit Butter bestrichene Schüssel geben und mit Frischhaltefolie zugedeckt an einem warmen Ort etwa 2 Stunden gehen lassen, bis er sein Volumen verdoppelt hat.

3 Zwölf kleine runde Teflonformen (6 cm Durchmesser, 6 cm hoch) einfetten und den Teig etwa zwei Drittel hoch einfüllen. Weitere 20 Minuten gehen lassen. Den Backofen auf 190 °C vorheizen. Die Baba im Ofen auf der mittleren Schiene 8 bis 10 Minuten backen. Die Temperatur auf 180 °C reduzieren und die Baba weitere 10 Minuten backen. Herausnehmen und abkühlen lassen.

4 Für den Orangensirup den Orangensaft mit der Orangenschale und dem Zucker in einem Topf aufkochen. Etwas abkühlen lassen und den Orangenlikör unterrühren. Die Baba gut mit dem Sirup tränken und auf ein Kuchengitter setzen (darunter ein Backpapier legen) und den Sirup abtropfen lassen. Die Aprikosenkonfitüre erhitzen und die Baba damit bestreichen.

5 Für den Salat die Orange so großzügig schälen, dass auch die weiße Haut mit entfernt wird. Die Mandarinen schälen. Von den 3 Früchten die Filets zwischen den Trennhäuten herausschneiden und in eine Schüssel geben. Die Kumquats heiß waschen, trocken reiben und in dünne Scheiben schneiden, die Kerne entfernen. Zu den Fruchtfilets geben. Die Zimtblüten im Mörser zerstoßen und mit Zitrusschalen, Vanillemark und Zitronensaft mischen. Zu den Früchten geben. Den Ahornsirup und den Orangenlikör verrühren und über die Früchte geben. Alles vorsichtig vermischen und den Salat etwa 1 Stunde ziehen lassen.

6 Die Baba mit dem Fruchtsalat auf Tellern anrichten und mit Minze garniert servieren.

PANETTONE
mit bunten Trockenfrüchten

——————

1 Am Vortag die Hefe zerbröckeln und in 60 ml lauwarmem Wasser auflösen. 100 g Mehl untermischen und eventuell noch etwas Wasser dazugeben. Der Teig sollte fest sein. Den Teig mit Frischhaltefolie zugedeckt an einem warmen Ort etwa 30 Minuten gehen lassen. 300 g Mehl und etwa 200 ml lauwarmes Wasser untermischen, bis man wieder einen festen Teig erhält. Den Teig zugedeckt an einem warmen Ort gehen lassen, bis sich sein Volumen verdoppelt hat. Die Eigelbe mit dem Zucker verrühren, bis der Zucker sich auflöst.

2 Den Teig mit dem restlichen Mehl, der zerlassenen Butter, der Eigelb-Zucker-Mischung, ½ TL Salz, den Zitrusschalen und eventuell 60 ml lauwarmem Wasser vermischen und mindestens 15 Minuten zu einem glatten Teig verkneten. Er sollte elastisch, aber nicht fest sein. Die getrockneten Aprikosen klein hacken und mit Rosinen, Haselnussblättchen und Orangeat vorsichtig unter den Teig mischen.

3 Den Teig in 3 Panettone-Papierformen (à 9 x 13 cm; alternativ einen Tortenring mit 13 cm Durchmesser 9 cm hoch mit Backpapier auskleiden) oder in 15 Einmach- oder Marmeladengläser (à etwa 140 ml Inhalt) füllen und zugedeckt im Kühlschrank über Nacht ruhen lassen.

4 Am nächsten Tag die Formen 1 Stunde vor dem Backen herausnehmen und den Teig bis dahin zugedeckt gehen lassen. Den Backofen auf 190 °C vorheizen. Die Panettone mit der zerlassenen Butter bestreichen, mit den Mandeln belegen und mit dem Hagelzucker bestreuen. Im Ofen auf der mittleren Schiene 10 Minuten backen, dann nochmals mit Butter bestreichen und mit Alufolie abdecken. Wieder 10 Minuten backen und mit Butter bestreichen. Die Ofentemperatur auf 175 °C reduzieren und die Panettone weitere 30 Minuten backen. Die Panettone in den Gläsern nur 15 Minuten weiterbacken.

5 Zur Probe mit einem Holzstäbchen mittig in einen Panettone stechen, falls Teig am Stäbchen klebt, noch 10 Minuten backen. Die fertigen Panettone aus dem Ofen nehmen und mit Butter bestreichen. Dann in den Formen oder Gläsern abkühlen lassen.

ZUTATEN FÜR 3 GROSSE ODER 15 KLEINE KUCHEN

FÜR DEN PANETTONE:
60 g frische Hefe
700 g Mehl
6 Eigelb
250 g Zucker
225 g zerlassene Butter (abgekühlt)
Salz
abgeriebene Schale von je 1 unbehandelten Zitrone und Orange
70 g getr. Aprikosen
150 g Rosinen (in 30 ml Aurum eingelegt)
50 g Haselnussblättchen
60 g Orangeat

AUSSERDEM:
70 g zerlassene Butter
30 ganze Mandeln
ca. 3 EL Hagelzucker

Was den Deutschen der Stollen ist, das ist den Italienern der Panettone. Stapelweise stehen diese Hutschachteln mit dem kuppelförmigen Kuchen ab Mitte November in den Supermärkten, Bäckereien und sogar Tankstellen. Ohne Panettone gibt es in Italien kein Weihnachten. Und so ein Panettone ist nicht ohne: Er wird aus Hefesauerteig hergestellt, der 72 Stunden braucht,

Panettone

um seine Größe zu erreichen, er muss bis zu 10 Prozent Butteranteil haben und die getrockneten Früchte (traditionellerweise Orangeat, Zitronat und Rosinen) sollen mindestens 20 Prozent des Gesamtgewichts ausmachen. Von diesem italienischen Panettone-Reinheitsgebot wird nur insofern abgewichen, als dass der Panettone mit Schokolade, Pinienkernen, diversen Cremes oder sogar Marsala verfeinert sein kann.

War es wirklich das Brot vom Toni?

Italien ist das Land der Küchenhelden. Und so ist es auch beim Panettone – um seine Entstehung ranken sich die verschiedensten Geschichten. Einmal war es der adlige Mailänder Unghetto, der mit den teuren Früchtezutaten vom Hof einem armen Bäcker die Erfindung des Panettone erst möglich und ihn damit reich machte. Natürlich nur mit dem Ziel, dass er dann dessen Tochter, die wunderschöne Adalgisa standesgemäß ehelichen konnte. Ein anderes Mal war es der lombardische Bäckerjunge Toni (Pane di Toni = Panettone), der mit dieser Erfindung seinen Küchenchef rettete, weil der bei einem großen Bankett die Nachspeise verdorben hatte. Wie dem auch sei – der Panettone ist heutzutage in ganz Italien ein Star und soll sogar gesundheitliche Wirkungen haben: Wer am 03. Februar zu Ehren Sankt Blasius' noch ein Stück von dem Kuchen isst, den soll der Heilige vor Halsschmerzen schützen.

Gezupft oder geschnitten, wie isst man Panettone?

Es ist fast so wie bei James Bond. Allerdings stellt sich beim Panettone nicht die Frage, ob er gerührt oder geschüttelt wird, sondern ob man ihn beim Verzehr lieber zupft oder doch scheibenweise verzehrt. Ebenso umstritten ist, welches Getränk man dazu reicht. Spumante oder Dessertwein, auch das ist so eine Frage, die in Italien höchst umstritten ist. Gourmets empfehlen einen Moscato (Muskateller), der passt gut zum Panettone, alleine schon von der ähnlich goldgelben Farbe her.

Wo gibt's den besten Panettone in Italien?

Das werden Mailänder und Lombarden nicht gerne hören: Aber den besten Panettone soll es in Sizilien in dem kleinen Gebirgsort Castelbuono unweit des Küsten-Ferienorts Cefalù geben. Die dortige Bäckerei Fiasconaro ist für ihre Panettone schon mehrfach auch international ausgezeichnet worden. Das Geschmacksgeheimnis liegt vielleicht darin, dass die Sizilianer ihren Kuchen mit Manna zuckern. Manna wird nur noch in Castelbuono und einem weiteren Dorf hergestellt und ist der Saft (das Harz), der aus Eschen gewonnen wird. Manna schmeckt süsslich wie Honig und wird deshalb auch „Honig der Sterne" oder „Tau des Himmels" genannt.
Neben den Fiasconaros in Castelbuono gibt es natürlich auch in Mailand ausgezeichnete Panettone-Bäckereien. Hier sei Gattullo erwähnt, eine echte Kult-Bäckerei. Die war und ist Treffpunkt auch von italienischen Stars. Rock-Röhre Gianna Nannini war hier häufig Gast – und sie weiß aus Familientradition, was ein gutes Gebäck ist. Schließlich kommt sie aus der berühmten Sieneser Pasticceria-Dynastie Nannini.

PINZA-KUCHEN
mit Nüssen und Früchten

**ZUTATEN FÜR 1 KASTENFORM
(30 CM LÄNGE)**

FÜR DEN TEIG:
150 g Pinza oder Hefezopf (vom Vortag)
150 ml Milch
30 g Haselnusskerne
40 g Walnusskerne
60 g getr. Pflaumen (ohne Stein)
60 g getr. Feigen
75 g Rosinen
30 ml Weinbrand
60 g Butter
1 große Birne (für 220 g Fruchtfleisch)
75 g Zucker
1 Ei
1 Eigelb
abgeriebene Schale von je 1 unbehandelten Orange und Zitrone
1 Msp. Vanillemark
Salz
200 g Mehl
½ Päckchen Backpulver

FÜR DIE ZUCKERGLASUR:
150 g Puderzucker
2–3 EL Eiweiß

AUSSERDEM:
Butter und Mehl für die Form
80 g Walnusskerne
1–2 frische Feigen
50 g getr. Apfel- und Birnenchips

1 Für den Teig die Pinza oder den Hefezopf in kleine Würfel schneiden und in einer Schüssel mit der Milch übergießen. Etwa 30 Minuten einweichen, dabei immer wieder durchmischen.

2 Die Haselnüsse und Walnüsse in einer beschichteten Pfanne ohne Fett anrösten, abkühlen lassen und klein hacken. Die Pflaumen und die Feigen klein schneiden. Die Rosinen im Weinbrand einlegen. Die Butter zerlassen und beiseitestellen. Die Birne schälen, vierteln, entkernen und mit dem Stabmixer pürieren.

3 Die eingeweichte Pinza oder den Hefezopf fein pürieren und mit dem Zucker, dem Ei, dem Eigelb und dem Birnenmus in der Küchenmaschine mischen. Die Zitrusschalen, das Vanillemark, 1 Prise Salz, die zerlassene Butter, das Mehl und das Backpulver dazugeben und alle Zutaten zu einer homogenen Masse rühren.

4 Den Backofen auf 180 °C vorheizen. Eine Kastenform einfetten und mit Mehl ausstäuben. Die gehackten Nüsse, die Trockenfrüchte und die Rosinen mit dem Teigschaber unter den Teig heben. Den Teig in die Form füllen und im Ofen auf der mittleren Schiene 40 bis 45 Minuten backen. Falls die Pinza oben zu dunkel werden sollte, mit Alufolie abdecken. Zur Probe mit einem Holzstäbchen in den Kuchen stechen, bleibt noch Teig daran haften, die Pinza weitere 5 Minuten backen.

5 Für die Zuckerglasur den Puderzucker sieben und mit dem Eiweiß nach und nach mischen, bis eine zähflüssige Konsistenz erreicht ist. Die Pinza aus dem Ofen nehmen und abkühlen lassen. Die Walnüsse in einer beschichteten Pfanne ohne Fett rösten. Die Feigen waschen und in Achtel schneiden. Die Pinza mit der Glasur bestreichen und mit den Walnüssen, den Apfel- und Birnenchips und den Feigenachteln dicht belegen.

TIPP Der Kuchenteig eignet sich auch für 8 bis 10 Minikuchen: Dafür den Teig in Minikuchenformen (à 9 x 5 cm) füllen. Die Back-zeit beträgt dann aber nur 30 bis 35 Minuten. Die Minikuchen aus dem Ofen nehmen, glasieren und wie oben beschrieben belegen.

ZUPPA DELIZIA
mit Amaretti und Erdbeersauce

---

1 Für die Erdbeersauce das Erdbeerpüree mit dem Zucker, dem Pektin und dem Zitronensaft in einem Topf mischen und kurz aufkochen lassen. Mit Frischhaltefolie abdecken und auskühlen lassen. Weinbrand unterrühren und die Sauce etwa 4 Stunden kühl stellen.

2 Für die Biskuitmasse den Ofen auf 210 °C vorheizen. Das Ei trennen. Eiweiß mit Zucker und 1 Prise Salz zu einem cremigen Eischnee schlagen. Mehl, Stärke und Backpulver mischen. Das Eigelb unter den Eischnee rühren. Zitronenschale und Vanillemark unterrühren. Mehlmischung daraufsieben und unterheben. Die Masse auf einem mit Backpapier ausgelegten Blech zu einem Rechteck von 20 x 15 cm verstreichen. Im Ofen auf der mittleren Schiene 5 bis 6 Minuten backen. Herausnehmen, abkühlen lassen.

3 Für die Amaretti alle Zutaten (bis auf den Puderzucker) zu einer glatten Masse verrühren. In einen Spritzbeutel mit mittlerer Lochtülle füllen und 6 Kreise (à etwa 7 cm Durchmesser) auf ein mit Backpapier belegtes Backblech spritzen. Durch ein Sieb mit Puderzucker bestäuben und 20 Minuten trocknen lassen. Den Backofen auf 180 °C vorheizen. Die Amaretti mit den Fingern etwas andrücken, sodass die Oberfläche uneben wird und im Ofen auf der mittleren Schiene 10 bis 12 Minuten backen.

4 Für die Cremes Milch mit Zucker und Vanilleschote aufkochen. Die Eigelbe mit 3 EL Milch vermischen und das Mehl dazugeben. Die Schote entfernen und die heiße Milch mit der Mehlmischung binden. Den Pudding auf zwei Schüsseln verteilen. Unter eine Cremehälfte die Schokolade, unter die andere Hälfte die weiße Kuvertüre rühren. Mit Frischhaltefolie zudecken und kühl stellen. Die geschlagene Sahne unter die kalte Schokoladencreme heben.

5 Für die Espressotränke den Zucker im warmen Espresso auflösen und den Likör dazugeben. Die Zuppa delizia in Gläser schichten: Zuerst weiße Creme, dann Biskuitteig (je nach Größe der Gläser ausstechen), etwas Espressotränke, gefolgt von 1 bis 1½ EL Erdbeersauce. Die dunkle Creme mithilfe eines Spritzbeutels als Tupfen daraufsetzen. Auf jedes Glas 1 Amaretti legen und mit Früchten und Schokoladenstäbchen garnieren.

ZUTATEN FÜR 6 DESSERTGLÄSER (À 160 ML)

FÜR DIE ERDBEERSAUCE:
150 g Erdbeerpüree
1½ EL Zucker · 1 gestr. TL Pektin
3 EL Zitronensaft · 2 EL Weinbrand

FÜR DIE BISKUITMASSE:
1 Ei · 30 g Zucker
Salz · 20 g Mehl
15 g Speisestärke
1 Msp. Backpulver
etwas abgeriebene unbehandelte Zitronenschale
1 Msp. Vanillemark

FÜR DIE AMARETTI:
1 Eiweiß · 100 g Zucker
70 g blanchierte gemahlene Mandeln
2 – 3 Tropfen Bittermandelöl
Puderzucker zum Bestäuben

FÜR DIE VANILLE- UND SCHOKO-LADENCREME:
¼ l Milch · 50 g Zucker
½ Vanilleschote · 3 Eigelb · 25 g Mehl
30 g Zartbitter-Orangenschokolade
30 g weiße Kuvertüre
30 g geschlagene Sahne

FÜR DIE ESPRESSOTRÄNKE:
1 TL Zucker · 50 ml Espresso
20 ml Orangenlikör (z. B. Cointreau)

AUSSERDEM:
Früchte und Schokostäbchen zum Garnieren

SÜDTIROLER APFELSTRUDEL
mit Schokoladentropfen

ZUTATEN FÜR 1 STRUDEL

FÜR DEN MÜRBETEIG:

250 g Mehl
40 g Puderzucker
abgeriebene Schale von ¼ unbehandelten Zitrone
1 Msp. Vanillemark
Salz
1 Ei
120 g Butter

FÜR DIE FÜLLUNG:

600 g Äpfel (z. B. Cox Orange oder
Jonagold)
Saft von ½ Zitrone
1 Msp. Vanillemark
20 g Butter
40 g Kuchen- oder Semmelbrösel
50 g Zucker
½ TL Zimtpulver
20 g Mandelstifte
30 g Schokoladentropfen

AUSSERDEM:

Mehl für die Arbeitsfläche
Puderzucker zum Bestäuben

1 Für den Mürbeteig das Mehl auf die Arbeitsfläche sieben und in die Mitte eine Mulde drücken. Den Puderzucker mit der Zitronenschale, dem Vanillemark, 1 Prise Salz und dem Ei in die Mulde geben. Die Butter in Stücken am Rand verteilen. Alles mit den Händen rasch zu einem glatten Teig verkneten, zu einem Rechteck formen, in Frischhaltefolie wickeln und 1 Stunde (am besten über Nacht) kühl stellen.

2 Für die Füllung die Äpfel schälen, vierteln, entkernen und in 1 cm große Würfel schneiden. In einer Schüssel mit dem Zitronensaft und dem Vanillemark mischen.

3 Die Butter in einer Pfanne bei milder bis mittlerer Hitze zerlassen und die Brösel darin leicht rösten. Den Zucker und den Zimt hinzufügen und unter Rühren mitrösten. Aus der Pfanne nehmen und abkühlen lassen. Die Bröselmischung zu den Äpfeln geben und untermischen.

4 Den Backofen auf 180 °C vorheizen. Ein Backblech mit Backpapier belegen. Den Teig auf der leicht bemehlten Arbeitsfläche ausrollen und ein Rechteck (35 x 30 cm) ausschneiden, die Teigreste beiseitelegen. Die Äpfel mittig auf dem Teig verteilen, dabei oben und unten einen Rand von etwa 9 cm, an den Seiten 3 cm freilassen. Die Apfelfüllung mit den Mandelstiften und den Schokoladentropfen bestreuen. Die Teigränder leicht mit Wasser bestreichen. Zuerst die Seitenränder nach Innen einschlagen, dann die Teigränder oben und unten über die Apfelfüllung schlagen.

5 Den Strudel auf der Nahtseite auf das Backblech legen. Mit der Gabel mehrmals einstechen und nach Belieben mit Ornamenten aus den Teigresten garnieren, z.B. Äpfeln (siehe Foto). Den Strudel im Ofen auf der mittleren Schiene 30 bis 35 Minuten backen. Herausnehmen, etwas abkühlen lassen und mit Puderzucker bestäuben. Zum Servieren in Stücke schneiden.

FALSCHER PFIRSICH
mit Salbei-Trüffel

ZUTATEN FÜR 10 STÜCK

FÜR DEN TEIG:
50 g weiche Butter
40 g Puderzucker
1 Msp. Vanillemark
Salz
abgeriebene Schale von ½ unbehandelten Orange
1 Ei
150 g Mehl
20 g Speisestärke
1 TL Backpulver
3 EL Buttermilch

FÜR DIE SALBEI-TRÜFFEL:
4 frische Salbeiblätter
1 EL Zucker
1 EL Butter
50 g Sahne
60 g weiße Kuvertüre
60 g Pfirsichpüree (siehe Tipp)
½ EL Zitronensaft
1 EL Aperol

AUSSERDEM:
30 ml Grenadinesirup oder Aperol
100 g Zucker
10 Salbeiblätter

1 Den Backofen auf 170 °C vorheizen. Für den Teig die Butter, den Puderzucker, das Vanillemark, 1 Prise Salz und die Orangenschale cremig aufschlagen. Das Ei unterrühren. Das Mehl mit der Stärke und dem Backpulver sieben und mit der Buttermilch unter die Buttermischung rühren.

2 Den Teig in einen Spritzbeutel mit mittlerer Lochtülle füllen und 20 etwa 2-Euro-Stück große Tupfen nebeneinander auf ein mit Backpapier belegtes Blech spritzen. Im Ofen auf der mittleren Schiene 15 bis 20 Minuten hell backen. Herausnehmen und auskühlen lassen.

3 Für die Salbei-Trüffel die Salbeiblätter waschen und trocken tupfen. Den Zucker in einem Topf schmelzen, die Butter dazugeben und mit der Sahne ablöschen. Sobald der Karamell wieder flüssig geworden ist, den Salbei dazugeben. Alles mit dem Stabmixer pürieren, vom Herd nehmen und 30 Minuten ziehen lassen.

4 Die Salbeisahne durch ein Sieb gießen und wieder erhitzen. Die Kuvertüre hacken. Das Pfirsichpüree mit dem Zitronensaft erhitzen und mit der gehackten Kuvertüre unter die heiße Sahne rühren. Zum Schluss den Aperol untermischen.

5 Die Teigtupfen an den Unterseiten mit einem Messer vorsichtig aushöhlen. Die Innenseiten mit etwas Grenadinesirup oder Aperol beträufeln. Die Trüffelfüllung mit einem Löffel oder mit einem Spritzbeutel in die Mulden einfüllen. Je 2 gefüllte Halbkugeln zu einem „Pfirsich" zusammensetzen und leicht aneinanderdrücken. Mit einem Pinsel rundherum mit Grenadinesirup oder Aperol bestreichen.

6 Die „Pfirsiche" im Zucker wenden und mit je 1 Salbeiblatt garnieren. Etwa 3 Stunden kühl stellen.

TIPP Das Pfirsichpüree kann man ganz leicht selbst herstellen: Dafür 1 reifen Pfirsich häuten, halbieren, entsteinen und das Fruchtfleisch fein pürieren. Wer lieber fertiges Püree verwendet, kann auch auf ein Pfirsich-Babygläschen zurückgreifen.

ÜBERBACKENE FEIGEN
auf Chianti-Sauce und Pistazien-Semifreddo

———————————

1 Für das Semifreddo 70 g Zucker in einer Pfanne schmelzen. Die Pistazien unterrühren, die Mischung auf einem Backpapier auskühlen lassen und klein hacken. Die Eier trennen. Eigelbe mit 1 EL Zucker und dem Vanillemark cremig aufschlagen, Pistazienmark unterrühren. Die Eiweiße mit dem restlichen Zucker, 1 Prise Salz und dem Zitronensaft zu einem cremigen Eischnee schlagen. Eigelbe unter den Eischnee mischen und den Pistazienkrokant unterheben. Sahne steif schlagen und ebenfalls unterheben. Eine Terrinenform (30,5 x 6 x 6 cm; 700 ml Inhalt) mit Frischhaltefolie auslegen und die Masse einfüllen. Mindestens 4 Stunden (am besten über Nacht) im Tiefkühlfach gefrieren lassen.

2 Die Feigen waschen, trocken tupfen und vom Stielansatz bis zur Mitte kreuzweise einschneiden. Mit einem Apfelausstecher ein 1 cm breites Loch in die Feigen stechen, die Früchte dabei aber nicht ganz durchstechen. Den Wein mit Honig, Vanilleschote, Orangen- und Zitronenschale sowie Orangensaft in einem Topf erhitzen. Die Feigen in den Rotweinsud setzen und zugedeckt 15 Minuten ziehen lassen. Herausnehmen und auskühlen lassen, den Sud beiseitestellen.

3 Für die Füllung die Mandeln etwas zerkleinern und mit Orangeat, braunem Zucker, Amaretto, Quittengelee, Vanillemark und Orangenschale gut vermischen. Die ausgekühlten Feigen damit füllen.

4 Für die Baiserhaube den Ofen auf 210 °C vorheizen. Das Eiweiß mit dem Zucker steif schlagen. Mascarpone mit Vanillemark und Orangenschale verrühren, den Eischnee unterheben. Die gefüllten Feigen in eine ofenfeste Form setzen, das Baiser darauf verteilen und im Ofen auf der mittleren Schiene 3 bis 5 Minuten gratinieren.

5 Für die Sauce den Feigensud auf ein Drittel einkochen lassen. Johannisbeergelee dazugeben und den Cassislikör unterrühren.

6 Das Semifredo mithilfe der Folie aus der Form heben, die Folie abziehen und das Semifreddo in 2 cm breite Scheiben schneiden. Je 1 warme Feige mit 1 Scheibe Semifreddo auf einem Dessertteller anrichten. Etwas Sauce darauf verteilen, mit Feigenspalten garnieren.

ZUTATEN FÜR 6 PERSONEN

FÜR DAS SEMIFREDDO:
100 g Zucker · 60 g Pistazienkerne
2 Eier · 1 Msp. Vanillemark
50 g Pistazienmark (aus dem Onlineshop)
Salz · 1 EL Zitronensaft · 250 g Sahne

FÜR DIE FEIGEN:
6 Feigen · 200 ml Chianti · 1 EL Honig
1 Stück Vanilleschote (ca. 3 cm)
1 Stück unbehandelte Orangenschale (ca. 3 cm)
1 Stück unbehandelte Zitronenschale (ca. 2 cm)
Saft von ½ Orange

FÜR DIE FÜLLUNG:
25 g geröstete Mandelblättchen
1 EL Orangeat (gehackt)
1 EL brauner Zucker · 1 EL Amaretto
1–2 EL Quittengelee
1 Msp. Vanillemark
1 Msp. abgeriebene unbehandelte Orangenschale

FÜR DIE BAISERHAUBE:
1 Eiweiß · 30 g Zucker
2 EL Mascarpone · 1 Msp. Vanillemark
1 Msp. abgeriebene unbehandelte Orangenschale

FÜR DIE CHIANTI-SAUCE:
1 EL Johanisbeergelee · 2 EL Cassislikör

AUSSERDEM:
2 Feigen zum Garnieren

REGISTER

GLOSSAR

Abruzzo – Region Italiens, im Osten von Rom gelegen, bekannt durch den Berg Gran Sasso

Alchermes – ital. Bitterlikör

all'arrabbiata – Zubereitungsart für Nudeln mit scharfer „leidenschaftlicher" Tomatensauce (arrabiarsi = sich aufregen)

Amaretto – ital. Mandellikör

Amaretti – ital. Bittermandelgebäck

Antipasti – Vorspeisen, wortwörtlich am besten „vor" der „Pasta" gereicht

Arancello – ital. Orangenlikör (arancia = Orange), vgl. Limoncello

Baba – franz./ital. Hefeteiggebäck

Bistecca al forno – Steaks aus dem Ofen

Bocconotti – gefüllte Mürbeteigtörtchen aus verschiedenen Regionen Italiens

Branzino – europ. Wolfsbarsch oder auch Seebarsch

Broccolini – Stängelbrokkoli

alla cacciatora – auf Jäger(innen)art, typisches Schmorgericht

Cannoli – gebackene Teigrollen (canna = Schilfrohr) aus Sizilien

Cantuccini – ital. Mandelgebäck

Caponata – sizilian. Gemüseragout

Carpaccio – Gericht in hauchdünnen Scheiben, benannt nach dem Maler Carpaccio

Cassata – Eisdessert mit kandierten Früchten aus Sizilien

Chianti – Rotwein aus der Toskana

Ciabatta – längliche Semmel, in Form von Pantoffeln (= ciabatte)

Ciambelle – luftig-weiches Gebäck aus Sizilien

Cicirata – eine Stadt in Sizilien, aber auch ein typisches Weihnachtsgebäck in Mini-Kugelform, dessen Ursprünge auf die antiken Griechen zurückgehen sollen, die in Süditalien siedelten

Coppa – ital. Wurstspezialität aus Schweinefleisch, ähnlich hergestellt wie Schinken

Cornetto – Hörnchen, kleines Horn (= corno)

Cotoletta alla milanese – Kalbskotelett, das ähnlich wie Wiener Schnitzel paniert und in reichlich Fett ausgebacken wird

Crostata – ital. Mürbeteigkuchen mit typischem Teiggitter und variabler Füllung darunter (z.B. Vanillecreme, Konfitüren, Obst)

Focaccia – pikantes Hefeteiggebäck vom Blech, im Gegensatz zur Pizza ohne üppigen Belag, gern als Imbiss mitgenommen; aus Ligurien

Fritto misto – wortwörtlich „gemischtes Frittiertes" – in der Regel in Teig gewendete und dann frittierte Meeresfrüchte gemeint

Gianduja – dunkler Nussnougat aus Turin

Gnocchi – kleine ital. Klöße, meist aus Kartoffelteig

Grana Padano – nordital. Hartkäse

Involtini – Röllchen, meist aus Kalbfleisch

Limoncello – ital. Zitronenlikör

Limone – Zitrone

Makkaroni – Röhrennudeln in unterschiedlicher Länge

Nocciolini – wortwörtlich „kleine Nüsse", als Gebäck sind damit Haselnussmakronen gemeint

Panna cotta – wortwörtlich „gekochte Sahne", ital. Dessert auf der Basis von Sahne, mit Gelatine und Vanille

Parmesan – ital. Hartkäse aus Kuhmilch

Pasta – ursprünglich die Bezeichnung für Teig jeder Art, im Allgemeinen für Nudeln und Teigwaren verwendet

Pasticciotti – mit Puddingcreme gefüllte Törtchen aus Apulien

Pastiera napoletana – Mürbeteigtarte aus Neapel mit Weizen-Ricotta-Füllung, traditionell an Ostern gebacken

Pecorino – ital. Käse aus Schafmilch

Peperonata – Paprikagemüse (peperoni = Paprikaschoten)

Pesto (alla genovese) – Paste aus Basilikum, Olivenöl, Parmesan, Pinienkernen

Pinza – Hefegebäck zu Ostern

Pizza bianca – „weiße" Pizza mit Käsebelag

Pizza rossa – „rote" Pizza, mit Tomatensauce als Basis für den Belag

Pizzelle – traditionelle ital. Waffeln

Polenta – gekochter Brei aus Maisgrieß

Polpette – Bällchen, meist aus Hackfleisch (polpa = knochenloses Fleisch), in Tomatensauce gegart

Profiteroles – Windbeutel aus Brandteig mit variabler Füllung

Prosciutto – Schinken

Prosecco – ital. Schaumwein (geschützte Herkunft)

Ricciarelli – ital. Mandelgebäck mit weichem Kern

Ricotta – ital. Frischkäse aus der Molke hergestellt (wortwörtlich „nochmals gekocht")

Risi-Bisi – auch Risi-Pisi, Reis (riso) mit Erbsen (piselli), traditionell aus Venedig

Risotto – Breigericht aus Reis

Rose di carnevale – ital. Schmalzgebäck in Rosenform, traditionell zu Karneval zubereitet

Salsiccia – Wurst

Saltimbocca – wortwörtlich „spring in den Mund", typische Zubereitungsart für Kalbsschnitzel mit Salbei-Rohschinken-Füllung

Semifreddo – wortwörtlich „Halbgefrorenes", Parfait

Sepiolini – kleine Tintenfische (Sepia)

Stracciatella – Zubereitungsart mit kleinen Stückchen (stracciato = zerfetzt) – egal, ob in Eis, Cremes oder der so auch genannten Eiereinlaufsuppe

Strozzapreti – Pasta-Sorte aus Südtirol, wortwörtlich „Möge der Pfaffe daran ersticken"

Taleggio – nordital. Weichkäse (geschützte Herkunft)

Tiramisu – ital. Dessert mit espresso-getränkten Löffelbiskuits und Creme (tira-mi-su = zieh mich hoch)

Torrone – weißer Nougat aus Mandeln, Honig, Zucker und Eiweiß, arabischer Ursprung

Torta della nonna – gefüllte Mürbeteigtorte mit Vanillecreme (wortwörtlich „Torte der Großmutter")

Torta mimosa – Kuchen mit Dekoration in Form von gelben Mimosenblüten

Tortellini – gefüllte Pasta in Ringform

Tramezzini – ital. geschichtete Sandwiches, meist in dreieckiger Form (tramezzo = dazwischen)

Vitello – Kalbfleisch

Vongole – Venusmuscheln

Zabaione – süße Eierschaumcreme

Zuppa – Suppe

Zuppa delizia – ital. Dessert in Schichtform

Zuppa inglese – ital. Biskuitdessert

WEGWEISER ZU DEN SENDUNGEN
2016 / 2017

UNSERE AUTOREN

© Stefan Braun

ALFONS SCHUHBECK

Der Meisterkoch, Autor und Unternehmer ist ein wahres Multitalent. In seinen Lehr- und Wanderjahren hat er seinen Horizont in Genf erweitert, in den Schmelztiegel Paris hineingeschnuppert und das Asien-geprägte London erkundet. Und von dort ein großes Wissen über Geschmäcke und Gewürze mitgebracht, die seiner bayerischen Küche etwas Besonderes geben.

© Sandra Seifen Fotografie

ANGELIKA SCHWALBER

„Ich bin einfach eine Süße", sagt die gebürtige Fürstenfeldbruckerin. Herzlichkeit und Ausstrahlung gehören zu ihr wie ihr Faible für Pralinen und anderes Naschwerk wie Plätzchen. Beim German Chocolate Master sorgte sie 2004 für Furore und im Anschluss vertrat sie Deutschland auch erfolgreich bei den Weltmeisterschaften der Schoko-Künstler in Paris.

IMPRESSUM

© 2016 ZS Verlag GmbH
Kaiserstraße 14 b
D-80801 München

ISBN 978-3-89883-595-4
1. Auflage 2016

Projektleitung: Alexandra Gudzent, Katharina Wolf
Rezeptküche (herzhafter Teil): Monika Reiter, Gerlinde Hans
Foodfotografie: Susie M. Eising, Katrin Winner (Assistenz) (Eising Studio I Food Photo & Video)
Foodstyling: Michael Koch, Gerlinde Hans
Vorwort und Texte: Vincent Rudolph
Illustrationen Cover und Innenteil: Martin Haake
Porträtfotos Cover: Stefan Braun
Lektorat: Kathrin Gritschneder, Katharina Lisson, Regina Rautenberg
Grafische Gestaltung: independent Medien-Design, Horst Moser, München; Georg Feigl
Herstellung & Producing: Jan Russok
Druck & Bindung: optimal media GmbH, Röbel

Die ZS Verlag GmbH ist ein Unternehmen der Edel AG, Hamburg.
www.zsverlag.de I www.facebook.com/zsverlag

Auf den Geschmack gekommen?

Mal mit, mal ohne:
Alfons Schuhbeck präsentiert
Raffiniertes für Teilzeitvegetarier.
Mit allen Rezepten der beliebten
TV-Serie

Alfons Schuhbeck
Mal so, mal so – meine flexitarische Küche
€ [D] 19,99
ISBN 978-3-89883-594-7

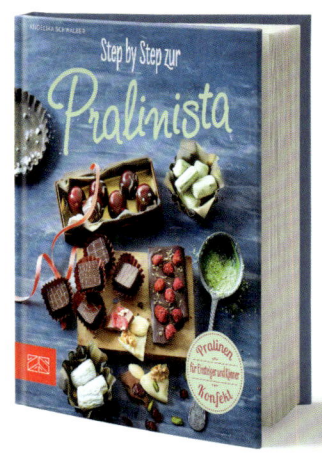

Trendfood trifft Schokolade:
Matcha-Pulver, Früchte, Nüsse – süß
verpackt in Pralinen und Konfekt

Angelika Schwalber
Step by Step zur Pralinista
€ [D] 12,99
ISBN 978-3-89883-590-9

Gleich weiterkochen!

Jetzt überall,
wo es gute Bücher gibt.